西和彦

反省記

ビル・ゲイツとともに成功をつかんだ僕が、
ビジネスの“地獄”で学んだこと

ダイヤモンド社

反省記

はじめに

過去の人生に"if"はない

「ハンセイキを書いていただけませんか?」

長年にわたって信頼している経済雑誌の編集長が連れて来た書籍編集者が、僕に企画書を差し出しながら、そう言った。普通、「ハンセイキ」と聞けば、「半生記」と思うだろう。僕も60歳を過ぎたから、「たしかに、そんな依頼をされるような年齢になったな」と合点した。

ところが、企画書を見たら、書籍のタイトルが「反省記」と、やたらと大きなフォントで印字されている。

しかも、「マイクロソフト副社長として『帝国』の礎を築き、創業したアスキーを史上最年少で上場。だけど、マイクロソフトからも、アスキーからも追い出され、全てを失った……」と書いてある。本を書いて、反省しろというわけだ。ひどいよね。編集者も自覚があるのか、申し訳なさそうな顔をしている。

だけど、こうも思った。

そろそろ自分の過去を反省して、それを公にしてもよい時期なのかもしれない……。

僕は、早稲田大学在学中で、21歳だった1977年に、郡司明郎さん、塚本慶一郎さんとともに『月刊アスキー』を創刊してから、ずっと振り返ることよりも前に進むことばかり考えてきた。

過去の人生に〝if〟はないのだから、振り返ってもしょうがないとも思っていたが、実際には、センチメンタルになりたくなかったからなのかもしれない。よい思い出ばかりではなく、地獄のようなつらい思い出も山ほどあるから、そうした過去と直面するのを避けたかったのだ。

しかし、僕も還暦を過ぎた。

還暦とは、60年で干支が一回りして、再び生まれた年の干支にかえること。いわば、もう一回、新しい人生が始まるようなものだ。そのタイミングで、それまでの人生を反省して、新しい人生に活かすことには意味があるだろう。そのためにも、あえて自分の過去とじっくり向き合ってみるべき時期なのだと思った。

60年もののクラシックカーの車検

実は、そのことに最初に気づいたのは、数年前に入院したときのことだ。年末の休暇を利用して、暖房設備のない書庫で、蔵書の整理をしたのがいけなかった。2~3度に冷えた空気を吸った肺に、埃が入って気管支炎を発症し、新年早々ダウンしてしまった。

病院に行くと即入院。身体中を検査されると、気管支炎のみならず、悪いところが次々と見つかった。背骨もずれて曲がっていた。これは、パソコンの見過ぎが原因だとしか考えられない。自分の身体はすっかり老化しているのだ、と実感した。結局、検査数値や症状が改善するのに約40日を要した。人生初の長期入院だった。

入院中は、時間が膨大にあった。

朝7時に病室で目覚めて、朝食を済ませて、いくつかの検査が終わる。あとは昼食と夕食以外、決められた予定は何もない。ベッドの上で安静にしていればいいだけ。常に忙しく動き回ってきた僕にとって、ありあまるほどの「無為の時間」を過ごすのは初めての経験だった。

僕は、その時間を、大好きな音楽も聴かず、テレビも見ず、ネットにもつながず、電話もかけず、新聞も読まずに過ごした。仕事もしなかった。「老化」という現実と初めて直面し、そんな気になれなかったのかもしれない。本は少し読んだかもしれないが、あとは考えごとばかりして、それをメモしていた。

考えていたのは、自分の「これまで」と「これから」についてだった。

入院して間もなく、もうすぐ自分が59歳の誕生日を迎えることにふと気づいた。ということは、60歳まで残り1年。それを思ったら、「入院」に何か特別な意味があるような気がした。まるで60年もののクラシックカーの車検のようじゃないか。「これからのことを考えるためにも、これまでのことを反省しなさい」と神様が囁かれたような気がした。

「過去を否定」することは、自分の足をめがけて「弾」を撃つこと

これをきっかけに、僕は、ときどき過去を振り返る時間をもつようになった。印象的な出来事を紙に書き出して年表をつくり、それを眺めながらさまざまなシーンを思い出す。つらいことや悲しいことを思い出したときには、胸が苦しくなる。思わず涙がこぼれることもあったし、強い怒りがこみ上げることもあった。

僕は、「過去に〝ｉｆ〟はない、未来にしか〝ｉｆ〟はない」と常々考えているが、正直に白状すれば、過去を振り返りながら、ついつい〝ｉｆ〟が首をもたげることもあった。

マイクロソフトにいたときに、ビル・ゲイツが大反対した半導体事業への参入など

主張せず、ビルの言うことをよく聞いて「いい子」にしておけば、それだけで大金持ちになって、今頃はラクラク。

アスキーが好調だったときに、リスクの高い新規事業に積極的な投資などせず、ビルでも買って手堅い商売をしていれば、そこそこの上場企業の社長、会長になって今頃はラクラク……。

そんな思いが、どうしても頭をよぎる。そして、自分が自分でつくづく情けなくなる。マイクロソフトで喧嘩して、アスキーでも喧嘩して、まさに喧嘩男のちゃぶ台返しの人生。「あ〜あ。バカだなぁ……」とため息が漏れる。

子どもの頃に、妹に言われた言葉を思い出す。何か気に入らないことがあると、すぐに喧嘩をしていた小学5年生の僕に、妹はこう言ったのだ。

「お兄ちゃん、人と喧嘩するのやめてごらん。喧嘩を売られても、我慢するの。そうするとすぐに学級委員長になれるよ。学級委員長になってるのは、喧嘩をしない子よ」

妹は、小学1年から中学3年まで、ずっと学級委員長をしていたから説得力がある。

「なるほど、そうか……」と得心した。喧嘩を少し我慢するようになった小学6年生には委員長になった。しかし、大人になってからも人と喧嘩をしてしまう質《たち》は治らなかった。だから、〝子どものような大人〟と言われてしまうのだ。返す返す情けない。

しかし、過去を否定することは、自分の足をめがけて弾を撃つことであり、上に向かって唾を吐くということみたいな気がする。

いいことも悪いことも含めて、それが今の自分をつくっているわけで、それを否定しても始まらない。むしろ、「イヤなものはイヤ」「嫌いなものは嫌い」と言い続けてきたからこそ、今の自分があるとも言えるのだ。僕は僕であり、僕でしかない。過去を否定してもしょうがないし、後悔することに意味はないのだ。

「後悔」ばかりして「反省」しなければ、失敗は永遠に「失敗」である

僕は、人生とは実験なのだと思う。

人は誰もが、初めての人生を生きている。もし、生まれ変わりがあるとしても、前世の記憶はなかなか蘇《よみがえ》らない。自分の言動がどのような結果を招くのかわからないまま、行動を起こさなければならない。それが、人間の生きている条件だ。であれば、人生とは実験の連続というほかないではないか。

つまり、僕には、過去にしたことで自分が失敗だと思ってきたことが数多くあるが、実はそれらは、その後の人生のための大切な実験だったということになる。失敗と思って後悔ばかりして、反省をしなければ失敗は永遠に失敗である。自分を責めないでクールに実験と捉えることによって、はじめて過去から虚心坦懐《きょしんたんかい》に学ぼうという気持ちになることができるのだ。成功のきっかけとしての実験となることができるのではないか。

だから、僕は、自分の今までの人生を後悔していない。

未来を自分で決めてきた結果なのだから、その結果は素直に受け入れるほかない。大切なのは反省することだ。そのためには、過去の出来事に対して、〝ｗｈｙ〟と問い続けることだと思う。そして、僕には幸か不幸か、〝ｗｈｙ〟と問うべき「実験結果」が山のようにある。たいへん高くついた学習体験ばかりの人生であったと苦笑いするほかない。

というわけで、僕は編集者の依頼を受けることにした。

タイトルは『反省記』でよい。もちろん、反省はひとりでするものだし、僕はここ数年、それを続けてきた。しかし、自己完結しているだけでは、反省に甘さが生じるかもしれない。世間様に読んでいただくことを前提にすることによって、より反省の質が高まるのではないかと思う。

もしかすると、「反省が足りない！」とお叱りを受けるかもしれないが、そのお叱りも反省の材料として、さらに研鑽《けんさん》を続ける所存だ。つまり、僕自身のこれからの人生を実りあるものにするために真剣に反省することが、この本を書こうとした第一の動機だ。

「時代」は変わっても、人間が演じる「ドラマ」は変わらない

第二の動機は、僕なりの反省をみなさんと共有することで、僕と同じく「人生という実験」にチャレンジし続けている読者の方々に、ささやかなヒントを見出してもらえるかもしれないことにある。

僕は、他人様《ひとさま》に教訓を垂れるような大それたことはできないし、したくもない。しかし、「人の振り見て、我が振り直せ」という言葉があるように、僕の経験をお見せすることで、何か感じられることもあるかもしれない。反面教師にしていただいても構わない。「自分は、こんなバカなことはしない」と笑う方がいても、文句は言わない。「また、言い訳してる」という人のことが目に浮かぶ。笑ってやってください。それはその人の自由だ。

数年前、ビル・ゲイツが僕にこう話したことがある。

「頭がシャープなのは、お互いあと10年くらいだから、時間を大切にしなければな」

あの頭脳明晰なビルも、そんなことを言う歳になったのかと、少し驚いたが、たしかにビルの言うとおりだ。僕に残された時間も決して長くはないだろう。今、しっかりと反省して、残された時間を大切に生きたい。それは、僕の切実な願いだ。

その意味で、本書は、僕の「過去」を扱うものだが、僕の視線はあくまでも「未来」に向けられている。「過去」を反省し、「真実」を知り、「未来」に活かす。それが真意だ。

遠く過ぎ去った〝古い話〟が多いが、パソコン黎明期へのタイムトリップを楽しんでほしい。それに、時代は変わっても、ビジネスの営みは変わらない。舞台は目まぐるしく変わるが、そこで演じられるドラマの本質は変わらないと思うのだ。

もしも、読者のみなさんが、僕の生きてきた「半世紀」の「反省記」から、わずかでもご自身の「未来」に生かす材料を見出していただくようなことがあれば、僕にとって望外の喜びである。

西和彦

反省記●目次

第2章 武器

第3章 船出

第4章 ゲリラ

第5章 進撃

第11章 瓦解 255

第12章 暴落 281

終章 再生

序章

遭遇

「感動」がすべての原点である

「面白い！」

心の底からそう思う瞬間がある。

いわば、感動する瞬間だ。「すごい！」でもいいし、「何だこれは！」でも何でもいい。人生には、必ず感動がある。僕は、その感動こそが、よい仕事の出発点にあると思っている。

もちろん、ビジネスに育てていくうえでは、「実現可能性」や「市場性」などといった観点も不可欠だが、これらは二の次。原点に感動がなければ、何も始まらないし、よい仕事にはならない。何よりも大切なのは、感動を原動力に一歩を踏み出すことなのだ。

ビル・ゲイツとの出会いもそうだった。

株式会社アスキー出版（のちに株式会社アスキー）を創業した翌年、1978年のことだ。

当時、早稲田大学理工学部の3年生だった僕は（もっとも、ほぼ休学状態だったが……）、しょっちゅう大学図書館を訪れていた。何しろ大学図書館だ。さまざまな雑誌が読み放題。これを利用しない手はない。雑誌の開架コーナーに入り浸って、興味の赴《おもむ》くまま手当たり次第にさまざまな雑誌を読み耽《ふけ》った。

もちろん、僕はコンピュータに最大の関心を持っていたから、そのジャンルの雑誌が中心だ。なかでもお気に入りが『エレクトロニクス』というアメリカの専門誌だった。この雑誌は、アメリカの最先端の情報が掲載されていて、とにかく面白かった。その日も、人気のない開架コーナーに腰をかけて、同誌のバックナンバーを1ページずつ読み込んでいた。


そして、ある小さな囲み記事に目が止まった。

マイクロソフトという会社が、インテルのマイクロ・プロセッサー「8080」用のBASICインタープリターを作って売っているという、それだけの記事だった。

マイクロソフトという会社は、〝聞いたことがある〟という程度の存在だった。

しかし、僕は「これは面白い！」と思った。その記事だけが、パーッと光を放っているように見えたほどだ。

1970年代に始まった「革命」

何が面白かったのか？

それには、少々説明が必要だろう。

すべては、1971年暮れに、革命的な製品が世に出たことに始まる。インテル社が世界で初めて製品化したマイクロ・プロセッサー「4004」である。

電卓用に開発された4ビット処理のものではあったが、コンピュータの「頭脳」に当たる機能を、わずか数ミリ角のシリコン・チップにパッケージしてしまったのだ。もちろん、従来の大型コンピュータに使われていたプロセッサーに比べれば、値段も劇的に安くなった。

これに敏感に反応したのが、コンピュータ・マニアたちだ。

インテル「4004」を購入して、周辺機器を自ら組み立てて、自分だけの「マイクロ・コンピュータ」（マイコン）をつくることに熱中する、いわゆる「マイコン・マニア」が生まれたのだ。

それまでの世界には、とても個人では所有することができない高額な大型コンピュータしかなかったが、インテル「4004」の出現によって、「自分だけのコンピュータ」をつくる可能性が拓けたわけだ。いわば「神」と崇《あが》められていたコンピュータを、個人がつくり出せるようになったのだから、まさに「革命」と呼ぶべき画期的な出来事だった。

この状況に拍車をかけたのが、1974年4月にインテルが製品化した、8ビットのマイクロ・プロセッサー「8080」である。これがマイコンの可能性を劇的に拡大させたことによって、マイコン・マニアも激増。そのニーズに応えるために、マイコンを組み立てるための周辺機器や部品などを取り扱う新しいビジネスも続々と立ち上がった。

さらに、自分でマイコンを組み立てるほどのマニアではないが、完成品のマイコンを使ってみたいという人々も大量に現れることになる。この新たなマーケットに向けて真っ先に製品を投入したのが、ニューメキシコ州アルバカーキーにあったＭＩＴＳ《ミッツ》社という倒産寸前の電卓メーカーだった。

ＭＩＴＳ社は、インテル「８０８０」を使った伝説的なマイコン・キット「アルテア８８００」を、１９７４年12月に発売。ディスプレーもキーボードもプリンターもないコンピュータ本体だけの製品にもかかわらず、それなりに値が張ったが、これが飛ぶように売れた。

この大ヒットに続くべく、マイコン・ビジネスに参入する企業が続々と出現する。もちろん既存の大企業ではない。自宅のガレージ（車庫）でマイコンを作る、いわゆる「ガレージ企業」である。スティーブ・ジョブスのアップルも、そのひとつだった。

だけど、大きな問題があった。

コンピュータ言語の問題だ。インテル「８０８０」を動かすには、「１」と「０」の二進値で書かれた「機械語」でプログラミングをする必要があったが、これがきわめて難解で、初心者にはとても手に負えない代物だったのだ。

つまり、「機械語」でプログラミングされている限り、マイコンが一般に広く普及することはないということ。そこで求められたのが、人間にも理解しやすい数式のような形式でプログラムを書くことができる、マイコン用の「高級言語」を開発することだった。

ビル・ゲイツが受けた「衝撃」

そして、この問題を最初に解いたのが、当時、ハーバード大学の学生だったビル・ゲイツと2歳年上の盟友ポール・アレンである。

これは、のちに本人から聞いた話だが、彼は、インテル「8080」が発売になったときに、「みんながこのチップのための本物のソフトウェアを本気で書き始める」と確信したそうだ。ポール・アレンとともに、この「革命」にどう加わるべきか議論を重ねていた。

しかし、1974年12月にポールに手渡された雑誌『ポピュラー・エレクトロニクス』にビルは衝撃を受けたという。その号の表紙を飾ったのは、同月に発売された「アルテア８８００」。記事には、そのマイコンにはインテル「８０８０」が組み込まれていると書いてあった。「ああ！　おれたち抜きで始まってる！」「革命に乗り遅れた！」。そう衝撃を受けたのだ。

ただし、「アルテア８８００」には、マイコン用の「高級言語」は載っていない。そこで、彼らは、「アルテア８８００」を動かす「高級言語」プログラムを書くことを決意する。

採用したのがＢＡＳＩＣという言語だった。ＢＡＳＩＣは、１９６３年にダートマス大学で、初心者でも使えるように開発された、大型コンピュータを動かすための高級言語である。しかし、「アルテア８８００」のメモリー容量はわずか4キロバイト。アルファベット４０００字分に過ぎない。その小さなスペースに、高性能のＢＡＳＩＣでプログラムを書こうというのだから、僕に言われたくないだろうが、「クレイジー」としか言いようのないチャレンジだった。

二人の天才は「何」をやったのか？

しかも、驚くべきことに、このとき、彼らは「アルテア8800」の現物をもっていなかった。

そこで、ポール・アレンは、インテル「8080」のマニュアルを研究して、ハーバード大学の大型コンピュータに「アルテア8800」の真似をさせるプログラムを書いた。そして、その大型コンピュータの中で、彼らは、4キロバイトに収まるプログラムをBASICで書き上げたのだ。しかも、たった8週間で……。

奇跡というべきか、天才というべきか。ビル自身は、後年、「このプログラムを書き上げたことを最も誇りに思っている」と語っているが、パソコン黎明期の「神話」のような逸話だと、僕も思う。

そして、1975年春、彼らは、「アルテア8800」用に書き上げたBASICをMITS社に持ち込み、30万ドルでライセンスを供与。ソフトウェアをコンピュータ・メーカーに売り、ロイヤリティを受け取るという画期的なビジネスモデルを生み出すとともに、この30万ドルを元手にマイクロソフト社を設立する。このとき、ビルは19歳にすぎなかった。

さらに、彼らは、このBASICを改良するとともに、メーカーの製品に合わせてアレンジする戦略を取る。

これは賢い。メーカーにとって怖いのはバグだ。ゼロから自社でバグのないプログラムを組むのは至難のワザだから、自然、「アルテア」で実績のあるマイクロソフトのBASICを採用することになる。実際、その後、初期パーソナル・コンピュータ（パソコン）のほとんどに、マイクロソフトのBASICが搭載されていったのだ。

ビル・ゲイツに、いきなり「直電」した

僕が、1978年2月に、図書館の雑誌で読んだのは「この話」だった。

マイクロソフトという会社が、インテルのマイクロ・プロセッサー「8080」用

のBASICを作って売っている。しかも、1977年に発売され、〝パソコン御三家〟として話題になっていた、アップルの「アップルⅡ」、コモドールの「PET2001」、タンディの「TRS－80」にも採用されていると書かれていた。

つまり、マイクロソフトのBASICが、パソコンの標準仕様になるということだ。これを知った僕が真っ先に思ったのは、「このBASICを使えば、自分が理想とするコンピュータを作ることができる」ということだった。

もちろん、僕は、早稲田大学理工学部の3年生であり、設立したばかりのアスキーという零細出版社の経営者にすぎない。どうやって理想のパソコンをつくるかという構想はあっても、その具体的な手段はわからなかった。

だけど、ビル・ゲイツに直接会って、僕の思いを伝えたかった。彼が、僕と同い年であることにも興味をひかれた。ビルは1955年10月ワシントン州シアトル生まれ。僕は1956年2月神戸生まれ。日本であれば、同学年だ。

そこで、その日のうちにビルに国際電話をかけた。

アメリカとの時差を考慮して、深夜に受話器を取った。電話番号は知らないから、国際電電のパーソン・トゥ・パーソン・コールで、「マイクロソフトのビル・ゲイツにつないでくれ」と頼んだ。

ところが、オペレーターが「どこのマイクロソフトか?」と訊く。弱った。住所も知らない。それで思い出したのが、「アルテア」をつくったMITS社がアルバカーキーという街にあったことだ。マイクロソフトはMITS社にBASICを売ったのだから、きっと住所も近いはずだと考えて、「ニューメキシコ州のアルバカーキー」と答えた。これが正解で、あっさりと電話はつながった。

ただ、このときビルは外出していた。そして、指定された時間にもう一度電話をすると、電話口にビルが出てきた。何をどう話したのかは、もう覚えていない。ただ、ビルの口数が少なかったことはよく覚えている。それはそうだろう。わけのわからない東洋人がいきなり電話をかけてきて、「あーだこーだ」とまくしたてる。不審に思わないほうがおかしい。

僕は、電話を切られちゃかなわないと、思いの丈を一生懸命ぶつけ続けた。

そして、こんな言葉が口をついて出てきた。

「とにかく、僕たちの会社を見てくれ。こちらから航空券を送るから、一度日本に来てほしい」

すると、ビルはそっけなく、こう返してきた。

「いや。今すごく忙しい。もしどうしても会いたいというなら、君がアメリカに来ればいい。そうしたら会うよ」

彼にすれば、体のいい〝断り〟のつもりだったのかもしれない。

しかし、僕はこれに食いついた。そして、4ヶ月後の1978年6月に、カリフォルニア州アナハイムで開かれる全米コンピュータ会議（NCC）で会う約束を取り付けたのだ。

僕がビルに頼みたかったこと

4ヶ月後——。

僕は、カリフォルニアに行き、NCCの会場でビルと初めて顔を合わせた。

僕たちは、最初から意気投合した。

二人には、共通点が多かったからかもしれない。ビルも僕も22歳。お互い、大学は休学状態だった。自動車が好きとか、肉が好きとか、そんなことも似てた。そして、何よりも、二人ともに、コンピュータの未来に対する情熱に溢れていた。

当初、面談は30分の約束だったが、時間は延びに延びて、半日くらい話しっぱなしだった。その日のうちに、僕は「ビル」、彼は「ケイ」（Ｋａｚｕｈｉｋｏの頭文字「Ｋ」）と呼び合うようになった。僕が日本でやっていることにも、興味をもってくれたようだった。

初対面のビルの印象は、非常に真面目な感じがした。オネストというか。それから、ものすごく頭が切れるというか、物わかりがいい感じがした。ただし、なぁなぁの物わかりのよさではなく、非常にシャープに考えて、そして「ＯＫ」という感じの即断即決タイプだった。人格的にも非常に素晴らしい人物だと思った。

このとき、僕は「夢」を訴えた。

マイクロソフトのＢＡＳＩＣを売ってもらって、自分なりに考えている理想のパソコンをつくりたい。ただし、ビルのBASICは非常によくできているが、いくつかの部分に変更を加えたり、新しい機能を付け加えたりしたい。そうすれば、アップルも、コモドールも、タンディもつくれないような、すごいマシンができる。ぜひ、ビルにも協力してほしい、と。

ビルは、僕の話にじっと耳を傾け、理解をしてくれた。しかし、コンピュータをつくることに、彼は興味がなかった。彼は、あくまでソフトウェアに関心があったように思う。ただし、僕からのBASICの変更案には納得して、「君の言うことはわかった。そうしよう」と快諾。そして、意気投合した僕たちは、「一緒に何かをやりたいね」と握手をして別れた。

僕は絶好のポジションにいた

帰国した僕は、「マイクロソフトと一緒に何をするか?」を考えた。

注目したのは、NEC(日本電気)が1976年に発売した、日本初のマイコン・キットである「TK-80」だった。この製品は、もともとマイコンのシステム開発のための教育用キットとして企画・製造されたものだったが、アメリカ発の「革命」に同調するマイコン・マニアたちに熱狂的に受け入れられた。まさに、日本におけるマイコン・ブームの火付け役だった。

ただし、「TK－80」は、コンピュータの部品が搭載されたプリント基板にすぎなかった。そこで、僕は、この「TK－80」に、改良したマイクロソフトのBASICを搭載し、メモリーを増設し、キーボードとディスプレイをつければ、アメリカの〝パソコン御三家〟を凌ぐパソコンができると考えた。

しかも、僕は『月刊アスキー』の編集記者として、「TK－80」の開発に携わったNECの後藤富雄さん、加藤明さん、その上司の渡辺和也さんたちに何度も取材をして、懇意《こんい》にさせていただいていた。つまり、マイクロソフトとNECの間に入って、ソフトウェアとハードウェアの調整をすることができる絶好のポジションに僕はいたのだ。

そのことに気づくと、ワクワクが止まらなかった。なぜなら、僕のアイデアを製品に注入することができれば、僕が思い描く「理想のパソコン」の第一号をプロデュースできるかもしれないからだ。それは、僕の「夢」そのものだった。

わずか3ページの「ファミリー」の契約書

このアイデアをもって、僕はアメリカに飛んだ。

今度は、アルバカーキーのマイクロソフト社にビルを訪ねた。アルバカーキーは、ニューメキシコ州の中央部に位置する、日差しの強い砂漠の田舎町だった。共同創業者のポール・アレンも紹介され、3人で長時間にわたって話し合った。二人は、僕の提案にたいへん乗り気で、一気に話は具体化に向かっていった。

もちろん、NECへの売り込みは、僕が担当ということになる。

そして、マイクロソフトBASICの東アジア市場における独占販売権を僕たちの会社に与えるという契約を、マイクロソフト社とアスキー出版は結ぶことになった。

このときの契約書はわずか3ページ。

常識では考えられないくらいシンプルな契約書になったのは、強い信頼関係が生まれていたからだと思う。ビルも、後年、このときの契約を、「弁護士は介在せず、ケイと私の間だけの、ファミリー同士で交わされるような契約だった」と語っている。後に、ものすごく分厚い契約書を正式に交わすことにはなるのだが、あの時の契約に込められた「同志感」を思い出すと、今も胸が熱くなる。

すでに齟齬は内在していた

帰国すると、すぐに株式会社アスキー・マイクロソフトを設立し、僕が社長に就任。NECにBASICの売り込みを始める。最初はまったく相手にされなかったが、それで諦める僕ではない。毎週のように、新たな提案を持って担当者のもとを訪れ、説得に説得を重ねた。

それが実を結んで、1979年に発売される日本初の8ビット・パソコン「PC－8001」に、僕の提案でカスタム化したマイクロソフトBASICが採用されることになった。この「PC－8001」が空前の大ヒット商品となり、日本にも本格的なパソコン時代が到来することになる。そして、アスキーにとっても、マイクロソフトにとっても、非常に大きなビジネスへと育っていくのだ。

ただ、いま思えば、すでに齟齬は内在していたのかもしれない。

僕は、初めてビルに会ったときに、「マイクロソフトの販売代理店にしてほしい」とは一言も言わなかった。そんなつもりは毛頭なかった。僕が求めていたのは、「理想のパソコンをつくる」という一点に尽きたのだ。

だから、僕には、「単なる販売代理店」という認識はなかった。マイクロソフトとさまざまなパソコン・メーカーと協力しながら、「理想のパソコン」をつくるために、あくまで僕は自律的に仕事をするつもりだったし、実際にそうした。しかし、あの契約書はあくまでも「代理店契約」だった。その矛盾が、後にビルと僕の間に亀裂が走る一因になったことは否めないだろう。

第1章

萌芽

僕の人生を支配する「宿命」

理想のパソコンを作りたい——。

この思いが、10代後半から20代を通じて、僕を突き動かしていた原動力だった。これは、もう理屈で説明できるようなものではない。どうしようもなく湧き出てくるパッションだった。

ビル・ゲイツは、コンピュータという「機械」をつくることには興味がなく、あくまでもソフトウェアに情熱を燃やしていたが、僕は違った。僕は、コンピュータという「機械」を作りたかったのだ。この「機械」に対するパッションは、少年時代から今に至るまで、変わらず僕のなかにある。おそらく、これは僕にとって宿命的なものなのだろう。

僕は、子どもの頃から家中の機械を分解していた。

この「機械分解趣味」が本格化したきっかけは、「テレビのチャンネル・リモコン」

だった。

小学校4年生か5年生のことだ。当時のテレビにはリモコンなどない。テレビについているダイヤルをガチャガチャ回さなければ、チャンネルを変えることができなかった。そして、我が家では、チャンネルを合わせるのは僕と妹の役目だった。

大人たちが「2チャン」「4チャン」などと言うと、僕か妹のどちらかが、ダイヤルを回すために立ち上がらなければならない。好きな番組を見ているときや、他のことをしている時にそう言われると、正直、「いやだなぁ」と思うこともあった。

ある時、テレビを見ているときに、父親にチャンネルを変えるように指示されて、思わず「自分でやったら?」と言い返した。すると、父親が怒った。その怒りようはすごかった。「誰に食べさせてもらっとるんや!」と鬼の形相で、僕の頬っぺたをベチーンと引っ叩いた。あれは怖かった。


しかし、チャンネルを変えるために、いちいち立ち上がるのはもうイヤだ。

そこで、「チャンネル変え」の役目から、どうすれば解放されるかを考えた。

まず思いついたのは、物干し竿だった。みんなで囲むコタツとテレビの距離は約3

メートル。物干し竿はちょうどいい長さだった。物干し竿をチャンネルのダイヤル・ノブにくくりつけておけば、コタツに寝転がったまま、物干し竿を回すだけでチャンネルは変わる。我ながら、いいアイデアだった。

ところが、父親が部屋に入ってきて、ダイヤルにくくりつけてある物干し竿を見ると、すべてを悟ったのだろう。無言で物干し竿を引っこ抜くと、それで僕のお尻を引《ひ》っ叩《ぱた》いた。これも痛かった。

「創意工夫」で人に喜ばれる体験をした

それでも、僕は諦めなかった。

今度は、電動ミシンのモーターを使うことを考えた。モーターをテレビのチューナーにつければ、ミシンのフット・コントローラーを使って、チャンネルが変えられると思ったのだ。早速、押し入れからミシンを引っ張り出して、ガチャガチャと分解し始めた。すると、間が悪いことに父親が部屋に入ってきて、露骨に不審げな表情を浮かべた。

「何をやっとる？」

父親に訊かれた僕は、とっさに「また怒られる！」と思った。観念して正直に話した。確実に引っ叩かれると覚悟した。しかし、父親は嬉しそうにニヤニヤ笑っている。思わぬ展開にぼんやりしていると、父親は、「ほう、おもろいこと考えるな……。今度はうまくやれよ」と言うと、僕の隣に腰掛けて手伝ってくれたのだ。

怒るはずなのに、手伝ってくれるなんて……。ドライバーでかたく締まったネジを外してくれるなど、とても助かった。そして、試行錯誤の末に完成。難点は、フット・コントローラーを踏む力加減だった。踏み過ぎると、ダイヤルが一気に回ってしまうし、力が弱すぎるとダイヤルが回らない。しかし、ちょうどいい加減で踏んでやると、ダイヤルは一つずつ動いてくれた。

これは、家族にも大好評だった。

面白さも手伝ってか、みんながフット・コントローラーを操作して、チャンネルを変えるようになった。僕もご機嫌だった。ようやく「チャンネル変え」の役目から解放された喜びもあったが、自分の「創意工夫」によって家族が喜んでくれたのが嬉しかった。思えば、小学生のときに、「創意工夫」で人に喜ばれる体験をしたことが、僕の人生に与えた影響は大きかったのかもしれない。

ところが、思わぬ〝落とし穴〟があった。

誰かがフット・コントローラーを強く踏み込んでしまったときに、ダイヤルが勢いよく回りすぎて、テレビが壊れてしまったのだ。僕が壊したわけではないのに、「お前がこんなものを作るからだ」と責められた。理不尽だと思った。

でも、おかげで我が家にはカラー・テレビがやってきて、僕は壊れたテレビを思う存分分解することができた。小学生にして、「人間万事塞翁が馬」ということを学んだわけだ。そして、僕の「機械分解趣味」は、このときにさらにエスカレートした。

もともと、機械が動くのを眺めながら、「ふーん、こういう仕組みで動いとるんか?」と想像するのが好きだったが、見てるだけではたまらなくなって、「実際に機械をバラしてみよう」となったわけだ。家族には大迷惑だったろうが、そのうちちゃんとバラしたものを組み立てるようにもなった。これが僕のエンジニアとしての始まりだったかもしれない。

「チゴイネルワイゼン」と「エンジニア」

中学生になると、「エンジニア魂」に拍車がかかった。

あれは中学一年生のときのことだ。僕は今でも大の音楽マニアだが、音楽を聴いて最初に感動したのは、音楽の授業で聴いた「チゴイネルワイゼン」だった。先生がLPレコードに針を落として、最初の音がスピーカーから流れた瞬間から感動しっぱなしだった。どこかもの哀しいメロディも、それを奏でるバイオリンの音色も素晴らしいと思った。まさに、心を奪われる体験だった。

「この曲を、もっと、何度も、じっくり聴きたい」

そう思った僕は、その日、下校途中に「チゴイネルワイゼン」のレコードを買いに行った。ところが、家に帰ってすぐにレコード・プレイヤーを探したが、どこにもない。「レコードかけるの、あるよね?」と母親に訊くと、「そんなものはありません」

と返ってきた。おまけに、「レコードのようなものを買って帰ってくるなんて堕落している。そんなことをしてはいけません」と叱られた。

しかし、親にそう言われたからといって、諦めるような僕ではない。

僕は、「チゴイネルワイゼン」のレコードを袋から取り出して、真っ黒な表面を顕微鏡で見てみた。なぜか家には顕微鏡はあった。そこには無数の溝がぎっしりと並んでいた。あの印象的な出だしを思い浮かべながら、この黒い溝の中にあの音が入っているのかと思うとため息が出るとともに、「何がなんでも、この黒い溝の中に刻まれている音を聴きたい」と思った。

そして、思い出した。そういえば、小さい頃に歌を聴かせてもらった、ドーナツ版用の45回転のレコード・プレイヤーがあったはずだ。あれを改造すればLPが聴ける！　そう思うと、俄然《がぜん》やる気が出てきた。物置に潜り込んでゴソゴソと掘り返して、埃にまみれた45回転のレコード・プレイヤーを引っ張り出した。

ただ、残念なことに、用意した45回転のプレイヤーには、レコードの針がついていなかった。そこで紙を円錐形《えんすいけい》に丸め、その先端に裁縫用の針を仕込んだ。それをとりあえず手で持って、ターンテーブルの上でクルクル回るＬＰの溝に慎重に落とした。

ドキドキしながら、耳を澄ませた。

すると、あの「チゴイネルワイゼン」の印象的なイントロが微かに聴こえてきた。

これは、本当に嬉しかった。その後、そのプレイヤーの改良を重ねながら、何度も何度も、「チゴイネルワイゼン」を聴いた。

これ以来、オーディオへのこだわりが嵩《こう》じ、今も、高級オーディオを開発するビジネスを行っている。値段が高すぎて、なかなかビジネスとしては厳しいが、これは僕のライフワークだ。とことん「音」を究め尽くしたいと思っている。

『週刊プレイボーイ』がもたらした情熱

レコード・プレイヤーの次に作ったのはラジオだった。

そのきっかけは、雑誌『週刊プレイボーイ』だった。中学時代は、男子も女子も急激に心と身体が変化する時期だ。異性への興味も高まってくる。男子の友達と集まると、女性の話題で盛り上がることも珍しくなかった。

そんなときに誰かが、「『週刊プレイボーイ』という雑誌には、毎週女性のヌードが載っているらしい」と発言した。それを聞いて、その雑誌を見てみたいと思わない中学生は一人もいなかっただろう。今のようにインターネットのない時代である。もちろん、僕も何としても見たいと思った。


しかし、本屋で買うわけにはいかない。

買うのが恥ずかしいし、本屋のオヤジが父親に言いつけて、買ったのがバレたら大《おお》事《ごと》だ。どうにかして、『週刊プレイボーイ』を見る方法はないかと思いを巡らせていたある日、新聞のラジオ欄を見て胸がときめいた。深夜12時ごろから放送している、「プレイボーイ・クラブ」という番組があるのを見つけたのだ。

僕は直感した。これは、あの『週刊プレイボーイ』がやっている番組だ。間違いない。きっと、ドキドキするような刺激的な話が聴けるはず……。ところが、深夜に部屋で聴くラジオがない。となれば、自分でラジオを作るしかない。早速、研究を開始した。

作ったのは鉱石ラジオと呼ばれるゲルマニウム検波式ラジオだった。

材料を買ってきて、本を見ながら組み立てていった。バリコンをつけて、検波器のゲルマニウム・ダイオードをつけて、クリスタル・イヤホンにつなぐとラジオの完成。思ったほどの時間はかからなかった。「これで、ついに……」と嬉しかったが、結局、僕は、その「プレイボーイ・クラブ」を聴くことはなかった。何度も聴こうとしたのだが、番組が始まる前にいつも寝てしまっていたのだ。

150万円の「電子レンジ」を壊して学んだこと

挫折も味わった。

僕は無線マニアでもあった。アマチュア無線に興味を持ち始めたのは小学校の低学年の頃で、9歳の時に、電話級アマチュア無線技士の資格を取った。その2年後には、50MHz帯で運用するアマチュア無線局を開局し、ブラジルと交信したりもした。その後も無線技術を学び続けたが、高校時代にこんな失敗をしたのだ。

あるとき、僕は、購読していた専門誌で、「地球月地球通信」という画期的な技術を知った。地球から電波を出して月に当てて、月から反射された電波を拾って行う通信で、月に電波を反射させると、地球の裏側のような遠い場所とも交信できるという壮大なアイデアだった。

これに、おおいに興味をそそられた僕は、早速、自分でもそれをやってみようと考えた。最大の問題は、「地球月地球通信」には、アマチュア無線で使われている1・2ギガの周波数の倍の2・4ギガの周波数が必要ということだった。これが、そう簡単なことではなかったのだ。

僕が目をつけたのが、我が家の電子レンジだった。

電子レンジの周波数は2・4ギガだから、これを分解して、クライストロンという真空管を取り出して、2・4ギガの周波数を作ろうと考えたのだ。しかし、結局、それはうまくいかなかった。2・4ギガの周波数が出ているのは間違いないのだが、どうしても「地球月地球通信」ができない。なぜだ？　その原因を探し続けた僕は、物理学の書物に「答え」を見つけた。なんと、2・4ギガの周波数は大気中の水に吸収される性質があったのだ。

僕は打ちひしがれるような思いだった。当時の電子レンジは1台150万円もする高級家電だったから、それをバラバラにされた母親の怒りもこたえたが、何より、自分の知識不足に愕然《がくぜん》とした。

自分の興味だけでものを作っても成功するとは限らない。無線についてはプロ級の知識があると思っていたが、物理学をはじめとする体系的な知識は何もなく、これを身につけなければ、これ以上先にはいけないと悟らされた。今になって考えてみると、これは、「学ぶ」ということの大切さを学んだ、僕にとっては大きな失敗であり転換点だった。

新しいものをつくる「組み合わせ発想法」

それ以外にも、少年時代の僕は、家中のほとんどありとあらゆるものを分解し、「こんなものが欲しい！」「こんなものがあればいいな！」と思うものを作りまくっていた。

居間に一台しかなかった電話の配線を変えて、二階の自室でも友達と電話ができるようにもした。普通は、二階の電話に切り替えても、一階の受話器を上げると会話が聞こえてしまうのだが、それができないような回路にした。真空管式のトランシーバーや真空管式のオシロスコープをはじめ、当時の僕が思いつく機械を、数え切れないほど自作した。それが、楽しくてならなかったのだ。


今思えば、目の前で動いている機械のアナロジーを新しいことに応用するのが好きな子どもだった。出発点は、「何かを実現したい」というパッションであり、「これは凄い」という感動だ。そして、その願望を実現するために、すでにあるモノや機械を応用しようとする。これが、僕の基本的な発想法だったと思う。

たとえば、テレビのチャンネルを自分では変えたくないという願望を満たすために、物干し竿を活用したり、ミシンのモーターを応用する。レコード針がなければ、紙を円錐形に丸めて、その先に裁縫針を仕込む。2・4ギガの周波数を得るために、電子レンジの真空管を使うといった具合だ。

そして、この発想法が、僕が大人になってからの仕事の土台になったと思う。全くゼロからのクリエイティビティではなくて、すでにソリューションがあるものを新しい何かに組み合わせて応用する。自分がいままで築き上げてきたもののエレメント（要素）を組み合わせて、何か新しいものをつくる。それが、僕の得意なことだという感じがする。だから、少年時代の試行錯誤は、その後の僕の仕事にすべて生きている。あるいは、「三つ子の魂百まで」と言うべきなのかもしれない。

「計算機」×「タイプライター」

そんな僕が、コンピュータに魅せられるのは当然のことだっただろう。

そもそも僕がコンピュータに興味をもつきっかけになったのは、父親が持っていたタイプライターと計算機だったと思う。機械マニアの僕が、それらの「お宝」を見過ごすはずがない。当時は高価だった計算機をいじっては、その計算能力の秘密に思い馳せていた。そして、タイプライターに、その能力を応用できればいいなと考えた。

タイプライターでタイプを打っても、打った文章に打ち間違いがあると、その部分を一から打ち直さなくてはならない。文章をもっと簡単に打つことができるだけではなく、簡単に打ち直しもできる機械を作りたいものだと思っていたが、コンピュータの能力を応用すれば、そんな機械が実現できるような気がしたのだ。

そして、高校2年の夏休みに、僕は初めて本物のコンピュータと出会う。

プログラミングの講習会があると聞いて出かけて行った僕は、そこで「HP9800A」というヒューレット・パッカード社製のコンピュータに触ったのだ。そして、教えてもらったとおりにプログラミングをすると、自分が意図したようにコンピュータが動いてくれる。これには興奮した。

プログラミングは、自分の答えが正しいか正しくないかがすぐわかるのも、たいへん面白かった。自分の性分にあったのだろう。ちなみに、ビル・ゲイツも似たようなことを言っていたから、そんな性分もお互いに通じ合うものがあったのだろう。ともあれ、この講習会をきっかけに、僕はコンピュータのプログラミングにのめり込むようになる。

とめどなく広がる「未来社会」の妄想

この頃、もうひとつ、僕の将来に大きな影響を与えたものがあった。それは、ラジオテレタイプとスロースキャンテレビという、無線の世界に出現した二つの新しい技術だった。

ラジオテレタイプとは、無線でタイプライターとタイプライターを繋ぐことによって、一方で文章をタイプすると、それが相手側のタイプライターに表示されるという技術。スロースキャンテレビとは、無線を使って画像を送信してテレビができるというものだった。

当時は、パソコンも、インターネットも、携帯電話もない時代だったが、無線を学んでいた僕には、簡単に文章や画像、動画が送れるような時代が来ることは、その時点でなんとなく想像できた。コンピュータが無線で繋がり、お互いにコミュニケーションをする。そんな未来社会の妄想をとめどなく羽ばたかせては、気持ちを高揚させていた。そして、そんな時代を切り拓くような機械を作ってみたいという思いは、日増しに強くなるばかりだった。

〝学校ズル休み〟で開いた「扉」

そして、高校3年生のときに、僕の前で「扉」が開くことになる。

ある日、新聞を読んでいるときに、「第一回国際コンピュータアート展」というものが東京で開催されることを知った僕は、「コンピュータをアートに使うなんて面白そうだ。これはぜひ見に行きたい」と思った。

僕は、アートも大好きだった。すでに書いたように、音楽は大好きだったし、それ以外にも、絵を描いたり、父親の一眼レフで写真を撮りまくったり、シルクスクリーン印刷にはまったり、当時は珍しかったビデオテープ・レコーダーという機械で映画のようなものを自分で作ったりしていた。そんな僕にとって、「コンピュータをアートに使う」という発想は、あまりにも魅力的だった。

ただ、開催日は平日だった。

僕が住んでいたのは神戸だったから、東京は遠い。親に相談すれば、「学校があるだろ？　ダメだ」と言われるに決まっている。だから、僕は、「今日は帰りがちょっと遅くなるかもしれない」と言って、いつもより早めに家を出て、通学路になっている神戸三宮駅から伊丹空港行きのバスに乗り換えた。今日は学校を休んで、一人で東京まで行くと決めたのだ。

学校をズル休みして東京に行くというのは、高校生としてはちょっとした冒険だ。僕が通っていた甲陽学院高校が私服だったのはひとつの救いだった。学校へは空港から電話をかけた。「今日は休みます」とだけ言った。ズル休みではあるが、嘘をつくのはイヤだった。スカイメイト割引を利用して、運良く空席があった始発便で東京へ向かった。運賃は正規の半額。小遣いでなんとかなる金額だった。

早起きで寝不足だった僕は、機内ではぐーぐー寝た。起きたら羽田空港だった。羽田からモノレールと山手線を利用して有楽町に向かい、有楽町から歩いて、会場だった「銀座ソニービル」へ行った。

会場には熱気があった。僕は、大きなコンピュータと、コンピュータで作られたアート作品がたくさん並ぶ会場をつぶさに見て回った。音響作品、平面作品、立体作品……。そのどれもが素晴らしく、「これこそが僕がやりたいことだ」と感じて興奮した。何度も展示を往復しながら長時間にわたって展示作品を観ているのが気になったのだろう。事務局の人に声をかけられた。主催者の出版社、コンピュータ・エージ社の人だった。

学校をズル休みして、神戸から飛んできたこと。コンピュータとアートが大好きで、展示物に感動したこと。これからやりたいこと。僕は聞かれるがままに、思いの丈を話していた。そんな僕を面白がってくれたのだろう、会場にいたコンピュータを表現手段として使おうという出展者をはじめとする人たちを何人も紹介してくれた。

これが、僕の未来の「扉」を開いたと言ってもいいだろう。

このとき紹介された人々とは、その後も連絡を取り合い、その後、僕が東京に出てきたときに、一緒に会社を作るなど行動をともにすることになったからだ。コンピュータ・エージ社からは、コンピュータ・ライターとしてアルバイト仕事をたくさん回してもらい、これが後に、『月刊アスキー』を創刊する伏線ともなった。

「興味のある場所」に行くだけで、人生は自然に拓ける

特に印象深かったのが、音楽家の端山貢朗先生だ。「国際コンピュータアート展」の主催者のひとりで、コンセプト・リーダーのような存在だった。たいへん優しくしていただいたが、そのお話には大きな感銘を受けた。僕が思い描いていた「コンピュータが無線で繋がり、お互いにコミュニケーションをとる未来社会」というイメージを、より具体的に、より鮮明にするようなお話だった。僕は、その後、『月刊アスキー』創刊号の巻頭言に「コンピュータはメディアになる」と書いたが、あのときの僕は、端山さんのお話にインスピレーションを受けて一気に書き上げたのだった。

僕は、この頃から、興味のある場所には躊躇なく飛び込んでいった。

それは、今に至るまで全く変わらない。自然と体が動いてしまう。僕にとっては、

それが当たり前のことだった。そういう性分だと言えばそれまでの話かもしれないが、この性分が僕の人生に創造性を与えてくれたのだと思う。なぜなら、最も重要な情報は、「人」を介してもたらされるからだ。

これは、高度な情報化社会になった現代でも変わらない。グラハム・ベルが電話を発明したときに、最初に電話で話した言葉が「ワトソン君、ちょっと来てくれ」だったのは有名な話だが、メールやチャット、テレビ電話が使われる現代でも何も変わっていない。人と直接出会って対話する以上のコミュニケーションは、この世に存在しないのだ。

であれば、自分の人生を生きるために大切なのは、興味のある場所に行ってみることであるはずだ。その場所には、同好の士が集まっている。同好の士なのだから、心配しなくても話は合う。感銘も受ける。興味はさらに深まる。そして、彼らと交流することで、自分にとって重要な仕事や情報は、ほとんど自動的にもたらされる。それさえ手に入れれば、人生は自然と拓けていくのだ。

だから、僕は「やりたいことが見つからない」とか、「自分の人生を変えたい」と悩む若者を見ると、いつもこう思う。興味のある場所に行ってみればいいよ。人生はシンプルなんだから、悩んでる時間がもったいないよ、と。

ともあれ、学校をズル休みして参加した「第一回国際コンピュータアート展」は、僕に強烈なインパクトを与えた。後髪を引かれる思いで会場を後にするときに、事務局の人が声をかけてくれて、「来年もやるから、その時も遊びにおいで」と言ってくれたのも嬉しかった。

ギリギリ間に合って搭乗した羽田発の最終便の中でも、かなり興奮していたと思う。このとき機中で、卒業したら「東京に行こう」と思った。僕は、大学の第一志望はずっと京都大学か大阪大学で、関西から出ようと考えたことは一度もなかったが、自分の「夢」を実現するには、東京に行くしかないと本能的に思った。そして、第一志望を東京大学理科一類へと変えたのだ。

第2章

武器

「成績が悪いのだから、このIQはおかしい」

僕は、子どもの頃から、「勉強のよくできる子」ではなかった。

勉強ができたのは妹の泰子のほうだった。彼女は、小学一年生から、ずっと全科目オール5だった。一方、僕は、学校から帰ると、野外で遊ぶか好きな本を読みふけるかで、勉強をほとんどしなかった。おかげで、小学一年生の時がオール3、二年生の時がオール4、五年生になってやっと5がいくつか、という感じだった。

僕は自分のことをスロー・スターター（Slow Starter）だと思っているが、それは、小学生時代の成績でつくった自己イメージなのかもしれない。ただ、成績全般を見ると、妹のほうが出来ていたが、算数や理科など好きな科目では、妹を引き離しているという自信はあった。要するに、好きな科目には熱中するが、それ以外の科目には身が入らなかった〝変な子〟ということなのだろう。

小学三～四年の頃には、こんなこともあった。

学校で全生徒を対象にＩＱテストを行ったのだが、僕のＩＱは１９１と出た。すごくよい数値だった。しかし、先生はおかしいとか言って、もう一回テストをやらされた。すると、今度は２００を超えた。それでも、先生は「やっぱり、おかしい」と言う。「こんなにＩＱが高いのに、こんなに成績が悪いはずがない」と言うのだ。それで、結局ＩＱ１５０ということにされた。そんなんありか？

とは言え、実際に高いＩＱが出たのは、僕自身嬉しかったし、これはなかば自慢話ではあるが、正直なところ、今は「ＩＱが高いからどうした？」という気持ちだ。ＩＱが高いということと、本当の意味で「賢い」ということには何の関係もない。ただ、パズルが上手なだけだ。そして、僕は、自分を「賢い」と思ったことはない。

中学は地元の公立中学に通った。

中学時代は、成績が常に10番以内にあって好調だった。ただ、両親が教育熱心なのに閉口した。漢文、古文、現代国語、小説、ピアノ、英語など、家庭教師をつけてスパルタ式に叩き込まれた。

おかげで、学校では、授業を聞いているだけで内容は理解できたし、試験でもよい点が取れていたが、内心では両親に対する反発心もあった。でも、それをあからさまに表現することはできなかった。よい子だったのだ。

そもそも、僕は、子どもの頃、あまり両親に甘えた記憶がない。母方の祖母が創業した須磨学園の経営で両親は忙しかったし、家では学校の仕事の話ばかりしていた。褒められた記憶もあまりない。家で褒められるのは、いつも妹だった。多分、両親は、男子だった僕は褒めて伸ばすよりも、ダメなところを叱って頑張らせるほうがいい、と考えていたのだろう。僕に対しては、とても口うるさかったし、勉強を無理強いするところがあった。

それと同時に、とても甘いところもあった。両親は、優しさと厳しさが同居するという矛盾した存在だったので、当時の僕は少々混乱したところもあったかもしれない。ただ、親とはそういうものだ、と今はわかる。

218人中、ピッカピカのビリ！

中学時代は勉強を頑張ったおかげで、私立の甲陽学院高校に入学することができた。甲陽学院は、兵庫県で最も東大進学率が高い私立灘高等学校に次ぐ進学校である。この高校はとても自由な校風で、素晴らしい先生にも恵まれた。僕の人生のなかでも、特筆すべき幸せな時期だったと思う。

ただ、勉強では少々面食らった。高校の授業は簡単ではなかったけれど、それほど難しいとは思わなかった。授業はそれなりに理解できたので、悪くない点数が取れそうな気がしていた。

最初の試験の前、クラスの友達に「試験勉強してる?」と訊くと、「全然してないよ、ほら」と教科書を見せてくれた。教科書には、書き込みもマーカーのあともなく真っ白だった。それを見た僕は、「試験勉強はしなくていいんだな」と安心して、試験前の期間をぼんやり過ごしてしまった。

結果は散々だった。なんと218人中217番。218番は誰だろうと探したら、217番が二人いた。要するに、僕はピッカピカのビリだったわけだ。もう一人の2

17番のやつを探し出して、「試験勉強はしたのか？」と訊くと、「こんな難しい学校にはついていけない。俺はやめる。お前も一緒にやめよう」と暗い顔をして、次の日から学校に来なかった。そして、間もなく退学していった。

これで、尻に火がついた。

このままではまずい……。書き込みのない綺麗な教科書を見せてくれた友達に、「お前、本当に試験勉強はしなかったのかい？」と確認すると、もう一冊もっていた教科書を見せてくれた。開くと、授業の終わったページは、書き込みで真っ黒になっていた。彼は、「へへへ、実はこの間の教科書はおさらい用で、こっちの教科書が勉強用なんだ」と悪びれずに笑った。

屈辱だった。学年でビリになったことと、友達の本音を見抜けなかったことがとても悔しかった。それで僕に火がついた。とはいえ、予習と復習をするのはたいへんだ。そこで、とにかく授業の時に100％集中して勉強することにしたのだ。

成績は徐々によくなっていった。

ビリだったのは最初の試験だけで、高校一年の夏には50番くらいになり、高校三年の時には理系で一番になった。まさに、スロー・スターターだった。

ただし、第一印象というのは重要で、最初の試験でピッカピカのビリだった僕のことを、多くの同級生たちは「おバカ」だと思っていた。だから、僕が理系で一番になったときには、みんなずいぶん驚いていた。みんなの僕を見る目や、僕に対する態度が急に変わったのが嬉しかった。
ただ、「おバカ」な僕と「一番」になった僕に対する態度が変わらなかった友達が二人だけいた。ずっと理系の一番で東大理三に行った広畑俊成君と、文系の一番で東大文一に行った森郁夫君だ。二人とも、「ユニークな君だから、そのうち絶対に一番になると思っていたよ」と言ってくれた。これが一番嬉しかったし、そんな二人に敬意を覚えた。二人とも、歳をとった今でも、僕の大切な友達だ。

大切なものが打ち砕かれたような「挫折」

そして、例の「国際コンピューターアート展」に行ったのは、ちょうどこの頃だ。

だから、理系で一番になったことでついた自信にも後押しされて、僕は志望校を東大理一に変更したのだ。もちろん、超難関だから猛勉強をした。そして、間違いなく合格できると確信をもったから、東大理一以外は一切受けなかった。試験はよくできたと思った。

合格発表の日、僕は東京大学駒場キャンパスのグラウンドにいた。受験番号が貼り出されると、理一の合格番号の中に自分の受験番号を探した。周りでは歓声を上げる人がいたり、無言で足早に立ち去る人もいた。僕は、気持ちを落ち着けて、自分の受験番号を探した。しかし、理一の掲示板には、自分の受験番号を見つけることはできなかった。血が引くような気がして、「嘘だろ?」と思った。何度も何度も受験番号を探したが、なかった。

ワラをもすがる思いだったのだろう。コンピュータがエラーを起こして、他の学部の掲示板に表示されているかもしれないと思った。文一、文二、文三、理二、理三とすべての掲示板を何度も見て回った。しかし、どこにも僕の受験番号はなかった。自信があっただけに、大切なものが打ち砕かれたような気がした。どうやって、神戸の実家まで帰ったのか記憶がないほどだった。

僕は、一瞬で「決断」をくだした

神戸に戻った僕は、すぐに自宅から通える神戸の大道学園という予備校に申し込みに行った。試験も受けて、東大・京大進学コースで勉強することが決まっていた。

ところが、予備校が開講するのを待つだけだったある日、朝8時過ぎからボーッとテレビを見ていたら、NHKで「東大に一番近い予備校」が紹介されていた。その番組のキャスターは、「東大生の半分は、この駿台予備校から来ています」と言った。

そうか、大道学園より駿台予備校のほうが東大に近いんだな、と思った。そして、「来年度の学生を募集する最後の試験は明日。申し込みの締め切りは今日の夕方です」というアナウンスを聞いた。

画面が切り替わって別の話題に移った途端、僕は隣で一緒にテレビを見ていた父親にこう言っていた。

「僕は、この駿台予備校に行きたい。これから東京に行ってくる」

父は一瞬驚いた顔をしたが、すぐに「よし、行け」と言って、電車代と当座の費用を渡してくれた。9時過ぎには家を出ていた。新神戸駅を10時過ぎに出る新幹線に乗ったので、東京には14時頃に着いた。お茶の水の駿台予備校の玄関脇でスピード写真を撮って申し込み用紙に貼り、必要事項を書き込んで提出した。

試験は翌日、発表は翌々日だった。

その間、東大受験の時に泊まったホテルで過ごした。それなりに難しい試験だったが、4月から駿台予備校の東大コースに通うことが決まった。下総中山《しもうさなかやま》にある駿台予備校の学生寮に入ることも決めた。寝具など必要なものはすべて、父親が神戸から車で運んでくれた。嬉しかった。ありがたかった。

結局、「駿台予備校に行く」と自宅を出てから、一度も神戸に帰ることなく、東京での生活が始まった。これ以来、僕の生活の本拠はずっと東京かアメリカだった。つまり、両親との生活は、あの日、朝9時過ぎに家を出た時に終わったのだ。

72時間ぶっ通しで考え続ける「集中力」

予備校では、取り憑かれたように勉強をした。

予備校の授業は面白く、寮ではよい仲間に恵まれ、何の不満もなかったが、どんなに勉強をしても不安だった。「このまま東大に受からなかったらどうしよう……」と、寮のグラウンドで、ひとり泣いたこともある。

その不安によって、僕の精神が研ぎ澄まされていたからだろうか。僕は、長時間集中して、深く考えることができるようになっていた。

普通、集中してひとつのことを考えられるのは、せいぜい3時間くらいのものだろう。しかし、当時の僕は、72時間くらいぶっ通しで考え続けることができるようになっていたのだ。

1時間考えたら30分休む、ということを繰り返しながら、考えたことを紙に書いていって、ある程度の枚数になったら、その紙を並べ直して二次元に展開する。そういうことを3日間繰り返すのである。そうすると、その時点での、自分なりの答えにたどり着くことができた。

この頃、よく考えたのは、生きるとはどういうことなのか、死ぬとはどういうことなのか、自分はどこから来たのか、自分は何をしようとしているのか、というようなことだった。

哲学関係の本もよく読んだ。

特にはまったのは吉本隆明だった。同じ部屋の妹尾君に貸してもらって読んだのが始まり。やがて彼の著作は全部読むことになった。吉本隆明の書いていることは非常にロジカルで、とてもよく理解できたし、共感するところも多かった。思えば、初めて、自分に目覚めた時期だったような気がする。少年から青年へと、顔つきも変わった。僕にとって、人生の大きな転換点だったように思う。

「挫折」が人間を強くする

しかし、2度目の受験も失敗に終わった。

最初の受験で東大理一だけに絞ったのは、やはり無謀だったと思った僕は、東大理一のみならず、いくつかの大学を併願した。その結果、ほとんどの大学に合格することができたが、東大理一は落ちた。このとき、僕は19歳。同じ頃、ハーバード大学生だったビル・ゲイツはマイクロソフト社を設立していたわけだ。

ひどく落胆したが、これ以上浪人はできないから、早稲田大学理工学部に進学することにした。学科は機械工学科を選んだが、特段の意図はなかった。学科志望欄の一番上に機械工学科があったから、ろくに考えもせず、それに丸をつけたのだ。

当時の僕にとって、東大受験失敗はものすごく大きな挫折だった。僕のなかの何かが決定的に壊れてしまうような経験だった。しかし、これがよかったのだと、今は思う。

人生に〝if〟はないが、もしあのとき東大に受かっていたら、人生は変わっていたと思う。僕は、早稲田大学には2年生の頃から通わなくなり、結局、8年在籍して除籍となったが、東大に入っていれば卒業はしただろう。東大卒というのは非常にいいタイトルになるから、それは捨てなかったと思う。そのかわり、挫折も知らず、自立もできず、神戸の親元に戻って、ゴロゴロしながらいい加減な人生を送っていたかもしれない。

僕は、東大に落ちたことで、闘争心に火がついたと思う。

いや、僕は、あの挫折によって、自分は頭のキレで勝負ができる人間ではないと悟った。その後、僕は「閃きの西和彦」「天才・西和彦」などと、マスコミで持ち上げられることがあったが、それを冷めた目で眺めていた。僕は、天才などではないし、ひらめきで勝負できるような人間でもないとかたく思っていたからだ。

これこそ、東大受験のために膨大な努力をして二度も失敗をするという、大きな対価を払うことで得ることができた、僕の「自己認識」だったのだ。おかげで、自分はあらゆることに対して、人の何倍も努力をするような人間になった。

僕がはじめて手に入れた「武器」

では、何で勝つのか？

僕は東大出の錚々《そうそう》たる人たちと勝負して勝つには、集中力という武器しかないと思った。ひらめきや頭脳で勝負することはできないが、ある発想が湧いたり、ある決断をした時に、それを実現する粘りというか、気力、集中力だけは人に負けないという自負があった。

天才の条件とは、99％の努力と1％のひらめきだとよく言われるが、それに勝つために、凡人の僕にできるのは、1％のひらめきを100％にする圧倒的な努力しかない。そして、その努力とは、英語でいうフォーカス・イン（集中）である。僕は、集中力と持続力を振り絞って世界と戦うと心に決めたのだ。

その後、僕は、面白い事実に気づいた。

トイレの電球は10ワット。机のスタンドは100ワット。スタジオの電灯は1キロワットだ。つまり、ワット数が多くなればなるほど明るくなるわけだ。しかし、1キロワットの電灯でも、3キロメートル先を照らすことはできない。3キロメートル先を照らすことができるのは、レーザー光だけである。

では、レーザー光は何ワットか？

たった1ワットに過ぎない。トイレの電球は10ワットでも薄暗いのに、なぜ、1ワットの光が遠くまで届くのか？　それは、光を一点に集中させているからだ。これこそ、集中することのパワーなのだ。

しかも、1キロワットしか出せない電球に2キロワットをかけると、焼き切れるだけだ。重要なのはワット数（能力）の大きさではない。重要なのは、自分がもっているワット数を徹底的に集中させることであり、その集中をとことん持続させることだ。それができれば、たとえ1ワットの才能しかなくても、1キロワットの才能をもっている人間よりも、遠くに行くことができるのだ。

僕は、後に、これを「レーザー哲学」と名付けたが、これこそ、大学受験に挫折した僕が初めて手にした「武器」だった。そして、この「武器」を握り締めて、僕は戦いを始めるのだ。

第3章
船出

図々しくいけば、面白がられる

「グライダーに試乗しませんか？」

早稲田大学の入学式当日、式会場だった早稲田体育館の前を歩いていると、グライダーが展示してあるそばに、そんな貼り紙があるのを見つけた。

乗り物は、子どもの頃から大好きだった。遊園地にある車のアトラクションにも熱中したし、両親が経営していた須磨学園の新キャンパスの整地見学に行って、キャタピラーで動くブルドーザーのハンドルを握らせてもらって興奮したこともある。

6歳のときに、父親の膝の上に乗せてもらって、兵庫県の加古川の河川敷をグライダーで飛んだこともある。須磨学園のキャンパス敷地内で、18歳の誕生日を迎える前に自動車の運転もしていた。

そんな僕だったから、「グライダーの試乗」という言葉に抗《あらが》うことはできなかった。躊躇なく「ぜひ試乗したい！」と申し出た。すると、条件があるという。「航空部に入部するなら試乗してよい」というわけだ。大学の体育会がどういうところか全く知らなかった僕は、グライダーに試乗したい一心で躊躇なく入部を決めた。あっけなくエサに釣られたわけだ。

すぐに場所を移動。ワクワクしながら、グライダーに乗り込んだ。しかも、グライダーとモーター・グライダーの2機に試乗させてもらえたのだから大満足。僕にとって、それは最高に楽しい時間だった。

ただ、結局、その体育会でグライダーに乗れたのは、その2回だけだった。実際に入部してみると、タコ部屋でひたすら一生懸命グライダーを押すだけの日々が待っていた。ほどなく、僕はその体育会を退部した。

授業が始まると、好きなものとそうでもないものがはっきりした。

熱力学や流体力学はどうも楽しくなかったが、英語やフランス語はたいへんに面白かった。それまで触れたことのなかった学問に触れることができたのも、僕に刺激を与えてくれた。しかし、僕にとって一番楽しかったのは、学科の研究室に出入りすることだった。

当時は、まだ教養課程だったため、専門科目を選択することはできなかった。そこで、僕は、面白い研究をされている教授の研究室に顔を出すようになった。特に入り浸ったのは、機械工学科・ロボット工学の加藤一郎先生や、電気工学・電子工学科の成田誠之介先生、電子通信学科の平山博先生の研究室だった。最初は見学に行っていただけだが、図々しく質問などをしているうちに面白がられ、毎日のように出入りすることを許されるようになった。今でも、図々しさって大事だな、と思う。

これって「自分の仕事か？」と考えた

当時の僕にとって、研究室はパラダイスだった。

憧れのコンピュータを使うことができるうえに、卓越した研究者がいろいろ教えてくれるのだから当然だ。暇があれば研究室に顔を出して、コンピュータにかじりつく毎日だった。最初のころは、大学のコンピュータでゲームのプログラムを書いたりしていたが、そのうち、研究に加わるように指示された。

加藤先生のロボット研究室では、ロボット制御のためのコンピュータに取り組むように言われて、「PANAFACOM」のミニ・コンピュータとハードディスクの接続に取り組んだ。また、成田先生の電力研究室では、国産ミニコンの名機といわれた日立の「HITAC－10」を使って、発電所から送電線などをモニターするシステムを開発するプロジェクト・チームに入れと言われた。

このプロジェクトをもとに、メンバーは卒論を書くことになっていたのだが、気がついたら、僕が「君はこれをやって」「君はあれをやって」とプロジェクトを差配するような立場に立っていた。みんな四年生だったが、誰も僕が学部の二年生だとは思っていなかったらしい。あるいは、生意気だと思われていたのだろうか……。

そんなわけで、僕は、それなりに充実した大学生活を送っていた。

アルバイトでも忙しくしていた。「国際コンピュータアート展」の主催者だった出版社から依頼されて、『コンピュータ・エージ』という雑誌のライターを始めた。小遣い稼ぎでもあったが、時代の先端を走っている人々から直接話が聞けるうえに、その分野の人脈を広げられるのも魅力だと思ったのだ。

取材は、だいたい1時間ぐらいだったが、エッセンスの話は5分くらいのものだ。その5分の内容を、2時間か3時間かけて文章にする。当時は原稿用紙に手書きだから、今よりも時間がかかった。それで、だいたい記事一本で3000円か5000円。1万円くれるところはなかった。

ふと思ったのは、当時、僕は家庭教師もしていたが、そっちのほうが楽だな、ということだった。毎回2時間なら2時間授業したら、それで完結するのもよかった。しかも、時間換算すれば、もらえるお金も多かった。

それに、コンピュータの最先端で仕事をしている人々の話を聞くと、「ふーん」と勉強になるのだが、「もっとこんなこともできるのでは?」「僕だったら、こうする」といった思いも湧き上がってくる。要するに、僕は、自分で「モノ」を作りたかったのだ。だから、ライター業はそれなりに楽しかったが、「これが自分の仕事なのか」と自問したら、「ちょっと違うなぁ」というのが正直なところだった。

「モノ」をつくってお金になるのは楽しい

秋葉原を徘徊《はいかい》しては、気に入った電気店にもしょっちゅう出入りした。僕は興味あることは、なんでもズケズケと話しかけるから、店のオヤジ連中ともどんどん仲良くなった。すると、「こんなものの試作頼まれてるんだが、どうしたらいいか悩んでるんだ」といった相談を受けることもあった。

僕が、「それだったら、こうすればええやん」と提案すると、「なるほど、ちょっとやってみてくれないか?」と頼まれる。「いくら?」と訊くと、ちょっとした金額が提示される。当時は、マイコンの立ち上がり期だったから、こんな話はいくらでも転がっていた。

あるときは、1日7万円の約束で、マイコンを使った電子回路の設計、製作を頼まれた。あるいは、LED（発光ダイオード）を点滅させるシステムをつくって、20万円くらいのお金になったこともある。「モノ」をつくることができるのも楽しかったが、やっぱり、それがお金になるのが面白かった。大学の研究室でも「モノ」をつくることはできたが、それで商売をするわけにはいかない。それで、徐々に大学から足が遠のいて行った。

僕が、最初に会社をつくったのは大学二年（1976年）のときだった。「国際コンピュターアート展」をきっかけに知り合った4人でつくった、「パックスエレクトロニカ」という会社だ。「パックスロマーナ」（ローマによる平和）をもじったもので、これからの世界はエレクトロニクスによる平和が訪れるというイメージを社名にしたわけだ。

職場は僕の部屋という「ガレージ会社」だった。だいたい僕が「こんなものをつくろう」と発案して、エンジニアのメンバーが秋葉原で部品を買ってきて組み立てて、営業経験のあるメンバーが販売するという役割分担だった。もともとは、僕が個別にお願いしていたのだが、みんなで「会社にしてしまおう」という話になったのだ。

ガレージ会社の「限界」を痛感した

いろいろなものを作ったが、よく覚えているのはグラフィック・ディスプレイだ。当時、大学や研究所にはコンピュータがあり、大型のディスプレイを備えていたが、これが非常に高額だった。おかしいな……と思った。僕が考えるに、ディスプレイに必要なシステムは非常にシンプルなものだった。そのシステムを組み上げるのに、そんなにお金はかかからないはずなのだ。

そこで、僕は、システムの概略を伝えて、エンジニアのメンバーにディスプレイを作ってもらった。すると、既存のディスプレイと遜色《そんしょく》のない機能を備えたものが、だいたい3万円の原価でできた。当時のディスプレイは100万円ほどしたが、10万円で売っても利益が出るものができたわけだ。

専門誌に広告を出すと、さまざまな研究所から注文が相次いだ。

たしか、200枚くらいは売れたはずだ。ちょっとした成功体験ではあった。しかし、２００枚売れても、売上２０００万円、利益は、広告費や人件費を除けば、１００万円を大きく下回っただろう。学生にとっては大きな金額ではあったが、所詮それだけの話でもあった。

僕は、ライターの仕事を通して、世界のコンピュータ・ビジネスの規模感がわかっていたから、パックスエレクトロニカの限界はわかった。気の合う仲間でモノを作って売るのは楽しかったが、「ガレージ会社」では世界に歯が立たない。そう思い知らされた僕は、徐々にパックスエレクトロニカから気持ちが離れて行った。そして、アスキーを創業して忙しくなった頃、自分は全然行かなくなってしまった。

はじめて「雑誌」を立ち上げる

その次に作ったのは、工学社という出版社だった。

当時、ＣＱ出版で『インターフェイス』という雑誌の編集者だった星正明さんに誘われたのがきっかけだった。僕が『コンピュータ・エージ』などのコンピュータ雑誌で書いていたのを知り、『インターフェイス』でも書かないかと声をかけられたのだ。

そして、その後、付き合いが深まっていくなかで、一緒に雑誌を作ろうと声をかけられて意気投合したのだった。

それで、僕が声をかけたのが、後にアスキー出版を一緒に創業する郡司明郎さんと塚本慶一郎さんだった。

郡司さんは、僕が大学から紹介されて入った、下宿先の大家の息子さんだった。僕の9歳年上で、当時、日本のソフトウェア企業の草分けだったコンピュータ・アプリケーションズ（CAC）という会社に、プログラマーとして勤めていた。

プログラマーだから話が合う。夜中に帰宅して居間で休んでいる郡司さんに話しかけて、コンピュータやエレクトロニクスの話に熱中したものだ。その郡司さんが、ある日突然CACを辞めた。ちょうどそのタイミングで、星さんから「雑誌をやろう」という話があったので、郡司さんを誘うと、「じゃ、やろうか」とほとんど二つ返事で応じてくれたのだ。

ちなみに、僕は郡司さんのご家族には頭が上がらない。

というのは、木造家屋だった郡司家の1階に間借りしていたのだが、部屋にいくつもの本棚を持ち込んで、ぎっしりと蔵書を詰め込んだ結果、床が傾き始めて、ついには床が抜け落ちてしまいそうになったからだ。僕は下宿を追い出され、郡司家の最後の下宿人となった。

塚本さんとは、雑誌『コンピュータ・エージ』の取材で知り合った。

当時、彼は電気通信大学の学生で、MMAというマイコン同好会の設立メンバーだった。MMAとは、「マイクロコンピューター・メイキング・アソシエーション」、すなわち「マイコンを作る会」の略称である。大学の同好会を紹介する連載の一環で、MMAを尋ねたのが最初だった。

彼は、コンピュータの勉強をするために電気通信大学に入るが、お目当てのコンピュータには触らせてもらえなかった。不満を募らせていた彼が、アメリカの雑誌で「マイクロ・プロセッサーを使えば、個人でもコンピュータが作れる」という記事を読んで、「マイコン・マニア」になるのは当然の成り行きだった。そして、そんな彼と僕が意気投合するのも当然の成り行きだった。

塚本さんは、手作りのマイコンとシンセサイザーを繋いで電子音楽をつくるなど、アートにも興味を持っていたから、なおさら話が合った。郡司家の下宿を出て、引っ越した新宿駅南口すぐのマンションに、彼は、しょっちゅう遊びに来てくれて、夜通し語り明かしたものだ。そして、雑誌立ち上げに加わってくれることになったのだ。

僕がどうしても譲れなかったもの

こうして、星さん、郡司さん、塚本さん、そして僕の四人の共同出資で工学社を設立して、1976年11月、日本初の「ホビー・エレクトロニクスの情報誌」として『月刊　I／O（アイ・オー）』を創刊する。「I／O」とはコンピュータ用語で、入出力（INPUT／OUTPUT）の略号。当時としては、斬新《ざんしん》な雑誌名だった。

誌面レイアウトや印刷所とのやりとり、進行管理などは、編集経験者である星さんが担当してくれた。ほとんどの記事は、塚本さんと僕が、いくつものペンネームを使って書きまくった。そして、社会人経験の豊富な郡司さんが、営業を担当するという役割分担だった。

雑誌一冊をふたりで書くのは、思った以上にたいへんだった。昼も夜もなく取材をして書きまくる。大学に行っている場合ではなかった。それだけに、初めて「自分たちの雑誌」が完成したときには嬉しかった。

しかも、雑誌は思いのほかよく売れた。

初版3000部を完売。好調なスタートだった。しかし、ほどなく軋轢《あつれき》が表面化していった。というか、僕が星さんとぶつかるようになったのだ。

理由は大きく二つあった。まず、編集方針だ。当初、「ホビー・エレクトロニクスの情報誌」として、『I/O』は、シンセサイザー、コンピュータ、アート、ロボットなどをバランスよく取り上げていたのだが、星さんの意向によって、次第にゲーム中心の誌面構成になっていったのだ。

これに、僕は納得できなかった。

たしかに、テレビ・ゲームが売れていたから、ゲームを誌面で取り上げれば、広告も入りやすかったのかもしれない。しかし、僕はゲームの雑誌がやりたかったのではない。コンピュータがメディアとなって、社会を作り変えていく、その最先端の動きを伝える雑誌を作りたかったのだ。

「大喧嘩」と「感謝」

しかも、僕の目には、星さんは工学社を自分の会社と考えているように見えた。僕たちも出資をしたのだから、工学社は〝四人〟の会社のはずだ。しかし、星さんは、僕がいくら「コンピュータ・メディア論」を雑誌の柱にすべきだと主張しても聞く耳を持たなかった。そして、自分の編集方針をゴリ押ししようとしているように見えたのだ。

決定的だったのは、星さんのお母さんが上京してきたときに、僕たちのことを露骨に〝従業員〟として扱ったことだ。星さんが、お母さんに、僕たちのことをそのように説明していたということではないか……。そう疑いをもった僕は、星さんと大喧嘩をした。

星さんも僕も頑固だから、折り合う余地は全くなかった。

「もはやこれまで。ならば、自分たちで雑誌をやろう」と思った。そして、星さんに啖呵《たんか》を切って、工学社を飛び出した。『I／O』創刊から半年後、1977年5月のことだった。僕の株式は、星さんに引き取ってもらった。

すぐに郡司さんと塚本さんに、自宅マンションに来てもらって、「一緒にやろう」と説得。二人とも、僕と同じような思いをもってはいたが、逡巡《しゅんじゅん》もあったようだ。いきなり三人が辞めたら、『I／O』がどうなるのかを心配していたし、星さんのことを思いやる気持ちもあったようだ。しかし、最終的には僕の説得に応じて、工学社を退職することを決断。三人で、アスキー出版を設立することになる。


ひとつ、書き加えておきたいことがある。

僕は、あのとき工学社と訣別する決断をしたことは、間違っていなかったと思っている。あの決断がなければ、アスキーという会社は存在しなかった。

ただ、突然、僕たち三人が辞めて、雑誌を継続させるのはたいへんなことだったたに違いない。しかし、星さんは、その難局を乗り越え、現在に至るまで工学社を営々と続けていらっしゃる。これは、実に立派なことだと思う。

何より、星さんが、一ライターだった僕を、工学社に誘ってくださったからこそ、その後の僕はあるのだ。大喧嘩をした僕が言うのもなんだが、星さんには感謝しなければならないとずっと思ってきた。

「仲間が平等な会社」をつくろう

こうして、僕たちは、工学社を辞めた1977年5月にアスキー出版を設立した。資本金は300万円。三人で100万円ずつ出し合った。誰も社長になりたがらなかったので、頼み込んで、僕の父親に社長になってもらった。そして、最年長の郡司さんが副社長、塚本さんが編集部長、僕が企画部長ということにした。

工学社での反省もあって、三人平等の会社にしようと確認し合った。もちろん、給料もまったく同じ。これは、僕たちが訣別する日まで変わらなかった。

アスキー出版という社名は、当時、コンピュータの文字のことをアスキーコード（ＡＳＣＩＩコード）と呼んでいたことからつけた。〝ＡＳＣＩＩ〟とは〝American Standard Code for Information Interchange〟の頭文字で、後に「アメリカ、アメリカ」というのもなんだからということで、お世話になっていた京都・大徳寺の立花大亀和尚に「明日来《アスキー》」という文字を当てていただいたりもした。

当初、当時僕が住んでいたマンションをオフィスに使ったが、さすがに手狭にすぎた。そこで、新オフィスを探すことにした。はじめは秋葉原がいいかな、と考えたが、世俗的な電気街にどっぷり漬かるのもどうかと思った。僕のマンションのある代々木も考えたが、工学社も代々木にあったので居心地が悪い。

じゃ、代々木の隣の原宿はどうだ？　というわけで、原宿の不動産屋に飛び込んで紹介してもらった、南青山5丁目のハイトリオというマンションの305号室に決めた。8坪のワンルームマンションだったが、この「船」に僕たちは乗り込んで〝出航〟したのだ。

第4章 ゲリラ

「狂気」の創刊劇

狂気の創刊——。

『月刊アスキー』の立ち上げについて、そんな表現をされたこともある。

僕は、何かを新たに作り出すというのは、そんなもんだろうという気もするが、たしかに、あの創刊劇はなかなか混乱に満ちたものではあった。それを「狂気」と言う人がいるのも、当然のことだったかもしれない。

なぜなら、僕たちは「超」という字のつく「急発進」をしようとしたからだ。1977年5月上旬、星さんと大喧嘩をして工学社を飛び出した僕は、郡司さんと塚本さんと落ち合って、何時間も話し合った。そして、力を合わせて新雑誌を創刊することで合意したのだが、そのときに、僕が「その月」のうちに雑誌を出そうと吠えたのだ。

これは、無知のなせるワザだった。

たしかに、僕たちは『I／O』を作ってきた経験がある。しかし、塚本さんと僕は記事を書くだけだったし、郡司さんはできた雑誌を売るのが仕事だった。僕たちが書いた記事を整理・編集して、誌面レイアウトをして、印刷・製本をするという、いわゆる編集業務はすべて星さんが担ってくれていた。

つまり、僕たちは編集業務については、な〜んにも知らなかったのだ。だからこそ、「その月」のうちに創刊という無謀なスケジュールを考えた。記事さえ書けば、ちょちょいのちょいで雑誌はできあがると思っていたのだ。〝怖いもの知らず〟といえば、そのとおりだが、だからこそ、熱気を圧縮パッケージしたような雑誌が出来上がったような気もする。

創刊を決めたその日は、「こんな雑誌にしよう！」とおおいに盛り上がったのだが、翌日から、創刊までの具体的な段取りを考えようとして、自分たちが何も知らないという事実に気づかされた。そもそも、僕たちは、自分たちが手書きした汚い原稿が、どうやって綺麗な印刷物になるのかも知らなかったのだ。

早速、僕たちは書店で本づくりや編集に関する書籍を買いあさって、一から勉強を始めた。そして、雑誌づくりにはさまざまな人々が関わっていることを知った。僕たちの手書き原稿をもとに、写植屋さんが一字一字活字を拾って誌面をつくり、製紙会社から紙を調達し、印刷所で印刷をして、製本所で雑誌のかたちにする。これらの工程を経て、はじめて雑誌は出来上がるのだ。

ところが、僕たちには、協力してくれる写植屋さんも印刷所も製本所もない。

これじゃ、雑誌なんてできない！

「当たってくだけろ」で道は拓ける

そこで慌てて、分厚い電話帳をひっぱり出した。

そして、あいうえお順で印刷所に片っ端から電話をかけまくって、「出版社をつくって、今月中に雑誌を創刊することにしました。印刷を引き受けていただけませんか?」「同人誌のようなものではなく、書店で売る雑誌です」と訴えたが、もちろん相手にしてもらえない。

それでなくても印刷所は忙しいのに、何の信用もない若造が電話をしてきて「印刷をしてくれ」と言われても、まともに相手にするはずがない。「掛け」で印刷を引き受けて、飛ばれたら痛手だから、当たり前のこと。「ちょっと今忙しいから」とガチャッと切られるのはまだいいほうで、無言で切られたこともあった。「ふざけるな」と思われたのだろう。

それでも、「当たってくだけろ」とばかりに、諦めずに電話をかけ続けた。というか、そうするほかなかった。そして、十何軒もかけた頃だったろうか、ようやくまともに話を聞いてくれる印刷所にぶつかった。

文京区にあった第一印刷工芸社という小さな印刷所の社長さんだった。「無茶言うなぁ……」と呆れながらも、「とにかく、一度来てみなよ」と言ってくださったのだ。塚本さんが、買ったばかりのバイクに飛び乗って、印刷所にすっ飛んで行って話をまとめてきてくれた。

写植屋さんや造本所なども同じ調子だった。

塚本さんの奔走《ほんそう》によって、なんとか引き受けてくださる会社を見つけることができた。みなさん、無茶な相談に困った顔をしながらも、〝若気の至り〟を面白がり、温かく応援してくださった。このとき手を差し伸べてくださった方々には、たいへんな恩義があると思う。改めて、深く御礼をお伝えしたい。

ただし、みなさん創刊スケジュールには言下に〝ダメ出し〟をされた。

納得した僕たちは、「その月」のうちに創刊するのをあきらめ、2ヶ月後の1977年7月に創刊することにした。いわば、2ヶ月の猶予ができたわけだが、現場はしっちゃかめっちゃかだった。

会社の設立登記、新オフィスへの引越し、協力会社探し、雑誌名と雑誌コンセプトの考案、企画内容やデザインの決定、ライターの募集、取材・執筆……。やることは山積している。そのすべてを、素人の僕たちが同時並行で進めたのだから、しっちゃかめっちゃかになるのも当然だった。

「満員電車」のなかで働く

しかも、青山の新オフィスはたかだか8坪のスペースだった。

正規のメンバーは、郡司さんと塚本さんと僕に加えて、後に塚本さんの奥さんになる女性の四人だったが、そこに、アルバイトのライターなども入ってくる。常時、10人ほどの人間が8坪のオフィスで仕事をしていたのではないかと思う。

いくつかデスクを並べて、バカでかい中古のコピー機を持ち込んだら、それだけで部屋はギッチギチだ。そこに10人の人間が入るのだから、まるで満員電車のなかで仕事をするようなもの。来客があったときは、マンション一階の喫茶店に案内して打ち合わせをした。

取材から帰ってくると、デスクは他のメンバーが原稿書きに使っていて埋まっている。仕方がないから、廊下に寝っ転がって書いたり、ときにはベランダに出て書いたりもした。僕がお気に入りだったのは、風呂だ。風呂桶のなかに座って、半分に折った風呂の蓋をデスク替りにする。「個室」だから、集中しやすかったのだ。

編集部に泊まり込みで、ほぼ住んでいたといってもいいくらいだった。眠くなったら机の下でごろりと横になって、目が覚めたら仕事をして、仕事が終わったらまた寝る。その繰り返しが延々と続く毎日だった。

机の下に隙間が見つけられない時には、風呂場で寝たり、コピー機の下で寝たこともある。まだ働いている人がコピーをとったときに、トナーの粉がブワーッと吹きつけてきて、顔が真っ黒になったメンバーもいる。夜中に廊下で塚本さんと寝そべりながら編集会議をして、そのまま二人とも眠りこけてしまったこともあった。

ちなみに、5月上旬に雑誌創刊を決め、アスキー出版を設立したのは5月24日。25日には給料も出した。ただし、金額は10万円。郡司さんは、CACに勤めていた頃には25~26万円をもらっていたから、〝雀の涙〟の給料だった。しかも、この10万円も、交通費や資料代などで、あっという間に消えていった。

「仮説」こそが人生を導く

そんな毎日だったが、苦しいと思ったことはなかった。

1日15時間ぶっとおしで仕事をしても、集中力は尽きなかった。自分がやりたいことをやっているのだ。それが辛いことであるはずがなかったし、凡才である自分が、コンピュータの世界で戦うには「集中力」と「粘り」しかないとも思っていた。まさに「夢中」だった。

僕が、『月刊アスキー』創刊号の巻頭言を書いたのは、お気に入りのお風呂の中だった。ひらめくものがあって、一気に書き上げた。一言で言えば、「コンピュータはメディアである」という宣言だが、僕のその後の人生は、この「ビジョン」を実現するためにあったと思う。

パソコンも、携帯電話も、インターネットもなかった当時は、あまり理解してもらえなかったが、この「仮説」が正しかったことは、現代の僕たちの生活が証明していると思う。このことに、僕はいまでも誇りを感じている。一部を抜粋しておきたい。

「マイクロコンピュータは家電製品にも積極的に使われて、産業としての地位を確立しつつありますが、今まで大型が担ってきた計算とか処理などの機能を備えたコンピュータが個人の手の届く商品となったら、それをどのように分類したらいいのでしょうか。

電卓の延長ではないと考えます。家庭や日常生活の中に入ったコンピュータは、テレビやビデオ、ラジオのような、いわゆるメディアと呼ばれる、コミュニケーションの一手段になるのではないでしょうか。テレビは一方的に画と音を送りつけます。ラジオは声を、コンピュータはそれを決して一方的に処理しません。誇張して言うなら、対話のできるメディアなのです。個人個人が自分の主体性を持ってかかわり合うことができるもの——これが次の世代の人々が最も求める解答であると思うのです」

「持たざる者」はゲリラ戦しかない

狂気の2ヶ月が過ぎ、ついに『月刊アスキー』創刊号が刷り上がった。

特徴的だったのは、その大きな判型だった。一部の書店からは「大きすぎて邪魔だ」という声も聞かれたが、その斬新なデザインが「アスキー・サイズ」と呼ばれて話題となった。

これを設計したのは塚本さんだ。紙面設計をあれこれと試した結果、大きな誌面でビジュアルを重視したデザインを作り上げたのだ。教科書への反発でもあった。教科書がつまらないのは、絵がない、色がない、小さい、字が古いからだ、と。それを全部改めて、理想の誌面を作り上げてくれたのだ。

印刷部数は5000部。『I／O』の創刊号が3000部だったから、強気の部数ではあった。僕は1万部を主張したから不満だったのだが、手持ち資金から逆算して部数をはじき出していた郡司さんから、「そんなことをしたら、あっという間に会社が潰れる」と諭された。

問題は、どうやって売るか、だ。

僕たちは、「絶対に売れる」という自信があった。なぜなら、当時、日本にもマイコン・マニアは激増していたが、マイコンに関する情報源は、マイコン生誕の地であるアメリカの専門誌に限られていたからだ。

アメリカの雑誌を手に入れるのが難しいうえに、英文をいちいち読みこなすのも面倒。そうなると、アメリカの最新情報から、国内メーカーの動向まで、わかりやすく解説する記事が満載の『月刊アスキー』が売れないはずがない。しかも、そんな雑誌は、国内には一冊もなかったのだ。

ところが、そんなことは普通の書店にはわからない。

それに、街中の本屋さんに置いてもらうには、取次という書籍の問屋さんに卸してもらう必要があるのだが、何の実績もない『月刊アスキー』を取次が扱ってくれるはずがなかった。つまり、僕たちに「正規軍」のような戦い方は不可能ということ。「もたざる者」は、ゲリラ戦に打って出るしかない。営業担当の郡司さんの陣頭指揮のもと、僕たちは考えうる限りの知恵を絞って市場開拓に乗り出した。

ビジネスの「善」と「悪」

とにかく、書店店頭に置いてもらわないと何も始まらない。

これが出発点だった。だから、僕たちは、首都圏の書店に行くときは車に載せられるだけ雑誌を積み、地方の書店に行くときは唐草模様の風呂敷に雑誌を包んで、よっこらしょと背負って行商に繰り出した。

ところが、そう簡単に店頭に置いてはもらえない。「売ってください」と書店に持ち込んでも、売れるかどうかもわからないものを、おいそれとは引き取ってはくれない。しかも、雑誌名は横文字で「ＡＳＣＩＩ」。何と読むかすらわからない、正体不明の雑誌なのだから当然のことだった。

そこで、一計を案じた。

まず、郡司さんと僕の二人組で、秋葉原など売れそうな地域の書店を訪問する。最初に雑誌を抱えて店内に入るのは僕だ。そして、書店員さんに声をかけ、「この雑誌を創刊しました。お店に置いていただけませんか？」と頼む。十中八九は、「そんなものは置けないよ」と断れてしまうのは見越した上だ。案の定断られると、こう言う。

「ちょっとトイレを貸していただけませんか？」

「ああ、いいよ」

ここで、こう頼む。

「じゃ、ちょっとこの雑誌、ここに置かせてくださいね」

そう言われて、「ダメだ」と言う人はいないから、書棚のうえに雑誌を置いて、僕はトイレに消える。
そこへ、郡司さんが「客」を装って店に入ってくる。書棚をプラプラと見て歩いているフリをしながら、僕が置いた雑誌の前を通り過ぎたときに、「ハッ」と驚いたように引き返して一冊を手に取る。ページをパラパラとめくりながら、目玉記事に目を止めると、十数秒じっくりと読み込み、感心したような表情を浮かべてみせる。そして、レジに向かって「これください」とやるわけだ。

これには、書店員さんも「エッ」となる。ほんの数分店頭に置いた雑誌が、あっという間に売れたのだ。「ひょっとして、この雑誌売れる?」という考えがよぎるのが自然だろう。そこへ、再び僕が登場する。トイレを貸してもらった御礼を伝えて、雑誌を抱えて出て行こうとすると、「ちょっと待って」と声がかかる。そして、「今一冊売れたんだ。精算もしなきゃいけないから、その雑誌仕入れるよ」となるわけだ。

騙したってことじゃないか?
そうお叱りを受けるかもしれない。たしかにそうだが、僕たちは、「売れもしないもの」を騙して仕入れてもらったわけではない。「売れる」と確信しているものを、仕入れてもらうために一芝居を打ったのだ。

置いてもらって実際に売れれば、それはお店の利益に貢献することになる。「芝居」を悪事と決めつけるのは、思慮が浅いってものだ。ビジネスの「善」と「悪」は、表面だけでは判断できないのではないだろうか。

実際、こんなこともあった。いつもどおり、僕がトイレに行って、郡司さんがお店に入ろうとすると、店内にいた〝本物の客〟が、僕が置いていった雑誌を手に取った。そして、食い入るような目で誌面を読み込むと、サッとレジに向かったのだ。トイレに行っていた僕は、その現場を目にすることができなかったが、郡司さんは、そのお客さんの後ろ姿に最敬礼したと言っていた。

機動性こそ、ゲリラ「最強の武器」である

こんな調子で、とにかく店頭に置いてもらうために、ありとあらゆることをやった。営業活動の最前線で奔走してくれたのは郡司さんだったが、僕も、取材・執筆の仕

事をしながら、営業活動にも余念がなかった。大阪出張のときに、ついでに書店営業をしようと思って、唐草模様の風呂敷に大量の雑誌を包んで背負っていたら、重さに耐えかねて、新大阪駅の階段で腰を抜かしたこともある。涙が出るほど痛かった。苦労と言えば苦労だが、そんなことも今となっては楽しかった思い出である。

こうして、僕たちは、書店やマイコン・ショップなどを一軒ずつ訪ねては、店頭に雑誌を置いてもらっていった。そして、置いたら売れた。僕たちの狙いどおりだった。マイコン・マニアはもちろん、マイコンを組み込んだ製品を考えているビジネスマンなどを中心に、雑誌は飛ぶように売れた。

彼らのニーズに応える情報源が『月刊アスキー』しかなかったのだから、当然の結果だと思った。新たなニーズが生まれたときに、最速で市場に参入する。その機動性こそが、ゲリラ部隊「最強の武器」だ。僕たちは、その武器を最大限に活かしたのだ。

創刊号の5000部も、第二号の5000部も完売。三号目からは8000部へと印刷部数を増やしたが、これも完売。創刊翌年の1978年3月号で、ついに念願だった1万部に到達した。

大手取次との交渉も始まった。『月刊アスキー』の存在は、全国のマイコン・マニアに知れ渡っていたが、地元の書店に探しに行っても置いていない。そして、「雑誌を取り寄せてほしい」と頼まれた書店員が問い合わせるのは大手取次だ。そうなると、取次も「『月刊アスキー』ってなんだ?」となる。

出せば完売する雑誌だったから、強気に出ることができた。卸値も高く設定できたし、雑誌なのに返品不可という好条件で、取次との交渉を終えることができたのだ。そして、1978年10月から大手取次が扱ってくれるようになり、発行部数も2万部に増加。メジャーな雑誌として書店の一角を占めるようになった。

僕たちは「追い風」の中にいた

オフィスは相変わらず戦場だった。

『月刊アスキー』の制作だけではなく、アメリカのコンピュータ関連の出版物の翻訳出版も手掛けていたので、忙しさに拍車がかかるばかりだった。目の前に出さなきゃいけない雑誌や本があり、それを次々出していくのに精一杯だった。しかし、不思議と疲れなかった。若かったせいもあるだろうが、コンピュータのマーケットが劇的に拡大していたこともあっただろう。後ろから風が吹いていた。追い風だったのだ。

お金まわりのことは郡司さんに任せきりだった。

僕はイケイケドンドンだったが、創刊当時、郡司さんは資金繰りにかなり苦労していた。書店に雑誌を置いてもらって売れても、売上金が入金されるのは数ヶ月先だが、印刷所などへの支払いは前金だからだ。資本金の300万円はすぐに消えて、資金が足りなくなってしまったことがある。

このときは、僕が父親に3000万円を借りて凌《しの》いだ。父親は名義上、アスキーの社長だったが、どんな会社で何をやっているか、しっかり把握していたわけではなかったと思う。それでも、僕が、「親父、金、貸してくれ」と電話をすると、ポンと振り込んでくれた。当時、日本にはベンチャー・キャピタルなど存在していなかったが、言ってみれば、僕の両親が僕のベンチャー・キャピタルの役割を果たしてくれたのかもしれない。

雑誌、単行本、そしてソフトウェア

『月刊アスキー』で利益が出るようになったのは、創刊して半年が過ぎたころだった。その間、資金難にも見舞われたが、そのなかで郡司さんが、出版業における資金繰りや経営法を身につけていった。創刊直後から、雑誌は出せば売れる状態が続いたが、部数をいきなり増やすと資金ショートしかねない。そのあたりを慎重に判断しながら、経営の舵取りをしてくれたのだ。

とはいえ、『月刊アスキー』一本では少々心許《こころもと》ない。

当時の日本は、まだマイコン黎明期でスポンサーになってくれるような企業がそれほどなかったから、広告収入もそんなには入ってこない。そこで、僕たちは単行本ビジネスにも参入した。きっかけは、僕のアメリカ出張だった。

アメリカに行けば、当然、書店を回ってコンピュータ関係の最新書籍を物色する。そして、面白そうな本を買い込んできたのだが、そのなかに『101BASIC・コンピュータ・ゲームズ』という本があった。101のゲームを紹介するとともに、それぞれのBASICで書かれたプログラムが記載されているというものだった。

日本でもゲームは人気だったから、面白いんじゃないかということで、これを翻訳出版してみた。すると、思いのほか売れる。これは本気でやらんとアカンとなったわけだが、思わぬ副産物も生み出した。ここから、パッケージ・ソフトのビジネスも派生していったのだ。

アスキーを育てたのは誰か？

そのきっかけは、『101BASIC・コンピュータ・ゲームズ』の読者から寄せられた声だった。

ある日、ひとりの読者から「プログラムを打ち込むのが面倒だから、ソフトをパッケージにして売ってほしい」という要望が寄せられたのだ。

「なるほど。これは商売になる！」と、僕たちはソフト開発部門をつくることにした。塚本さんに責任者になってもらって、『101BASIC・コンピュータ・ゲームズ』

に収録されているプログラムをカセット・テープに収録して、パッケージ・ソフトとして発売したのだ。

当時、いくつかの企業がパッケージ・ソフトを売り出していたが、商品パッケージがちゃちだった。そこで、デザインが得意な塚本さんが、綺麗にカラー印刷された化粧箱にカセット・テープを封入するスタイルを打ち出した。これが当たって、ソフトは大ヒット。その後の、国内のパッケージ・ソフトの「原型」となっていく。

こうして、アスキーは雑誌、単行本、ソフトウェアと事業多角化を進めていった。この頃には、僕の父親は社長を退任し、最年長の郡司さんが社長で、塚本さんと僕が副社長という体制に変更。名実ともに「僕たちの会社」になった。そして、「追い風」をいっぱいに受けて、企業規模を急速に拡大させていったのだ。

それに、僕もおおいに貢献したという自負はある。

しかし、『月刊アスキー』創刊から1年ほどたった頃に、僕はビル・ゲイツと出会う。そして、マイクロソフトとの仕事にほぼ全精力を投入していくことになる。だから、株式会社アスキーの企業としての枠組みをつくったのは郡司さんであり、アスキーの出版事業・ソフト事業を育て上げたのは塚本さんである。

その後、お二人とは対立した末に訣別することになるが、僕が、ビル・ゲイツとともに思いっ切り仕事をすることができたのは、彼らがアスキーを守り育ててくれて、西には思う存分好きにさせてやろうというサポートをしてくれたおかげだったと、今は思っている。

また、別れてから塚本さんとも郡司さんとも話す機会があったが、喧嘩したのにすぐに〝昔の仲良し〟に戻れたのは、二人の僕に対する優しさのおかげであると感謝している。

第5章

進撃

「完成品のイメージ」を売り込む

狙いは定まっていた。

ビル・ゲイツとわずか3ページの契約書を結んだ僕は、1978年10月にアスキー・マイクロソフトを設立すると、即座に行動を開始した。狙いは「TK－80」。NECが1976年に発売した日本初のマイコン・キットで、マイコン・ブームの火付け役となった画期的な製品だった。

これに、マイクロソフトBASICを載せて、日本初のパソコンをつくる。当時、アメリカを席巻していた、アップルの「アップルⅡ」、コモドールの「PET2001」、タンディの「TRS－80」を凌ぐものができると考えていた。

しかし、最初はまったく相手にしてもらえなかった。

すでに、NECは「TK－80」にBASICを載せようと試行錯誤を重ねていた。はじめは、手近に手に入れることのできるタイニイ・ベーシック（TinyBASI

C）というソフトを載せようとしたが、これは全然ダメだった。そして、自社製のBASICの開発に乗り出し、それを「TK－80」に搭載した「TK－80BS」という後続機種をすでに出していた。

ただ、このときのBASICは、本来の機能を縮小したもので貧弱なものだった。僕は、その代わりに、マイクロソフトBASICを搭載したほうが優れたマシンができると訴えたが、NECはBASICの自社開発を継続していたのだから、簡単にOKがもらえるはずもなかった。

しかも、すでにNECは、日本マイクロコンピューターという会社と「TK－80」をさらに拡張するプロジェクトを進めていた。出遅れた形の僕には、入り込む余地がなかったのだ。

しかし、僕はそれでも諦めなかった。

毎週のように、新たな提案を持って担当者のもとを訪問した。

実は、NECでも、「TK－80」を拡張するだけではなく、キーボード、ディスプレイ、フロッピー・ディスク、プリンタまで揃ったパソコンを作ろうと、極秘裏に

「PCX－01」というコード・ネームで呼ばれたプロジェクトが動き始めていた。

だから、僕は、そのプロジェクトのために、アメリカのパソコンをも凌ぐ、当時としては「最高のパソコン」を提案。その完成品のイメージを具体的に語り続けた。シンプルに言えば、タンディの「TRS－80」の格好をして、コモドールの「PET2001」の機能を備えているというもの。いわば、本場アメリカのヒット商品の〝いいとこ取り〟だ。

ただ、それだけではつまらないので、僕がずっと温めていた「グラフィック機能」「音声機能」「通信機能」などの機能を加えることを提案。これこそ、僕がビル・ゲイツに求めていた「BASICの変更要請」の内容だった。

当時のマイクロソフトBASICは、数値演算のためのプログラムだったが、僕は、その可能性をもっと拡張したかったのだ。念頭にあったのは、もちろん「コンピュータはメディアである」というイメージだった。

この提案はNECにも魅力的に映ったようだった。世界最先端のマシンの〝いいとこ取り〟をしたうえに、世界初の機能を付け加えるのだから、優れたマシンになるのは間違いない。絶対に売れる。そう訴えると、ＮＥＣのみなさんも納得されたような表情をされていた。

さりげない「脅し」も必要だ

最大の問題は、自社開発中のＢＡＳＩＣだった。

同僚が一生懸命開発しているものを使わないことに抵抗するのは当然のことだし、ＮＥＣのＢＡＳＩＣの性能も格段に向上していた。専門家のなかには、マイクロソフトＢＡＳＩＣよりも優れているのではないかという人もいた。もしかすると、そういう部分もあったのかもしれない。

しかし、僕はこう訴えた。第一に、マイクロソフトＢＡＳＩＣは、「アップルⅡ」「ＰＥＴ２００１」「ＴＲＳ－80」にも採用され、パソコンの本場アメリカの標準装備になっているという事実だ。ＮＥＣ独自のＢＡＳＩＣを採用したら互換性がないために、世界の市場で孤立することになると訴えた。

第二に、ソフトウエアの不具合であるバグの問題だ。すでに数多くのパソコンで稼働しているマイクロソフトBASICにバグの可能性は低いが、独自のBASICを採用したら、発売後にどんなバグが発見されるかもわからない。「それでもいいのですか?」と訴えたのだ。まぁ、さりげなく脅したわけだ。

おそらく、これが決め手になった。何度も何度も交渉を重ねた末に、ついにNECは、極秘裏に始動しつつあった「PCX－01」に、マイクロソフトBASICを採用することを決めてくれた。

これは、本当に嬉しかった。これで、高校時代からずっと夢見てきた「理想のパソコン」をつくることができるのだ。目の前がパァーッと開けたような気がした。「本当に実現できるのか?」と疑念もあったはずのビル・ゲイツも大喜びしてくれた。

「通信機能」を搭載した初のパソコン

その後、NECは、僕の提案も反映しながら、「PCX－01」の試作品を制作。それを、アルバカーキーからシアトルのベルビューに移転したマイクロソフト社に運び込んで、「PCX－01」のためのBASICの開発が始まった。

陣頭指揮を取ったのはビル本人。僕も、この開発にどっぷりと関わった。ほとんどマイクロソフト社に行きっぱなし、泊まりっぱなしだったと思う。僕の提案の多くをNECが取り入れてくれていたため、僕がいなければBASICの仕様も決まらない。しかも、BASICの新しい機能を加えるのは僕の仕事だった。

このとき、僕が拡張した機能はいくつもあるが、特に重要なのは「ターム（TERM）」というものだった。この機能があれば、パソコンを他の大型コンピュータなどと通信で繋いで、大型コンピュータのターミナル（端末）として使えるのだ（TERMINALの一部をとってTERMと名付けた）。後に広がる「パソコン通信」の基礎となる機能だった。

思い余って、やりすぎたこともあった。

「あれもこれも」とBASICの機能を拡張したため、フル装備するとデータが重くなりすぎて、8ビットの「PCX－01」の手に負えなくなってしまったのだ。仕方なく、機能を削ったり、プログラムを短くする努力をした。やむなく妥協したわけだが、それでも「これは間違いなく、日本初の本格的パソコンになる」と確信していた。

空前の大ヒットを記録した〝デビュー戦〟

そして、すったもんだの末に「PCX－01」はほぼほぼ完成。はじめてお披露目されたのは、1979年5月に開催されたマイコン・ショーだった。マイコン・ブームの真っ最中だったから、会場は熱気に溢れていた。特に、日本初の本格的なパソコンのお目見えとあって、「PC－8001」と名付けられた「PCX－01」は、来場者の注目を集めた。NECのブースには人だかりが絶えなかった。

このとき、NECのブースで、マシンのデモンストレーションをしていた一人が僕だった。「PC－8001」の中身をいちばんわかってるのは僕。だから、NECのグリーンの背広を着て、社員のような顔をしながら、マシンを動かしていたのだ。

ところが、僕は『月刊アスキー』の取材で、メーカーの人たちには面が割れている。

しばらくすると、「あれは、アスキーの西じゃないか？」と気づく人が出てきた。NECの向かいが日立のブースだったのだが、日立の人に「ちょっと、ちょっと」と呼び出されて、「西君、あのマシンのソフトはいくらなの？」なんて聞かれた。僕は即座に価格の10倍の数字を言った。そうしたら、その人は「安いね！」と驚いた。

翌日には、沖電気の人がやって来た。そして、また「いくらなの？」と聞かれたので、今度は20倍の値段を口にしてみた。それでも、「安いね！」と驚く。「そうですかねぇ？」なんてとぼけたフリをしていたが、内心では飛び上がるほど嬉しかった。ライバル会社の人たちが、「これは絶対に売れる！」と言ってくれているのに等しいじゃないか。僕の胸は、期待感でムクムクと膨らんでいった。

この予感は的中した。「PC－8001」は、1979年9月に発売が開始されると、瞬く間に大ヒット商品となったのだ。もちろん、『月刊アスキー』でも大々的に取り上げた。NECは当初、月間2000台を目標に設定していたが、それをはるかに上回る売上だった。売れすぎて、秋葉原のNECショップのレジが壊れたという噂が流れたほどだった。

結局、「PC－8001」は、発売から3年で25万台を販売し、「アップルⅡ」「TRS－80」と並ぶ三大ベストセラーとなった。もちろん、これはNECの技術力・販売力によるものだが、僕にとっても、〝デビュー戦〟にして大ヒットという名誉となった。そして、日本でもマイクロソフトBASICが、パソコンの業界標準としての地位を確立することになった。

「営業マン」と「開発者」の二重生活

これで状況は一変した。

NECには僕が必死で提案を繰り返して、やっとの思いでマイクロソフトBASICを買ってもらったが、「PC－8001」の大ヒットを目の当たりにした国内のメーカーから、次々と声がかかるようになったのだ。

当初は、メーカーから「来てください」と呼ばれて、僕のほうから伺っていたが、仕事が忙しくなりすぎてそれもできなくなった。結果、各メーカーの担当者が、アスキー・マイクロソフトに来訪してくださるようになった。待合スペースを覗くと、各社の担当者が、極秘の試作機を抱えてパーテーションを挟んで並んでいた。

そして、僕は、いくつものパソコンの企画、設計に参画した。

NECパソコン「PC－8800」

日立パソコン「BASIC MASTER L3」

沖電気パソコン「IF800」

IBMパソコン「5510」

EPSONのポータブルコンピュータ「HC－20」

京セラのOEMによるハンドヘルド・コンピュータ「タンディM100」「NEC－8201」「オリベッティM10」などなど。

一年にひとつはヒットを飛ばしていた。まさに快進撃だった。

もちろん、どれもメーカーのみなさんが作り上げた製品だが、僕のアイデアや意見はほとんど取り入れていただけていたから、僕にとっては、ありったけの愛情を注いだ「僕の作品」でもあった。

この頃、僕はマスコミでもてはやされたりもしたが、本人はそれどころではなかった（もちろん、嬉しかったけど）。各メーカーの意向を聞きながら、「理想のパソコン」をつくるために、そして、目の前の問題を解決するために、日本とアメリカを行ったり来たりしながら、必死で駆けずり回っていただけだった。

生活の本拠はマイクロソフト社のあるシアトルに置いていた。その後、アスキー・マイクロソフトでも、ソフトを開発する環境を整備したが、初期の頃は、ソフトを書く仕事は、大型コンピュータのあるシアトルのマイクロソフトでしかできなかったのだ。

帰国したときは、ホテルオークラを定宿にした。当時、テレックスが便利に使えるのは、このホテルだったからだ。そして、朝6時から深夜12時まで30分刻みでさまざまな商用をこなし、夜はほとんど毎日接待だった。それでどうなったかと言ったら、それまでは細く痩せていた僕がブクブクと太って、肝臓も悪くなった。アルコール性肝炎だった。

そうやって頑張って、国内メーカーと商談をまとめるとアメリカに戻って、スーツ姿の営業マンから開発者のいでたちに変わる。そして、ビル・ゲイツやポール・アレンと議論をしながら、開発中のマシンのための開発に励むのだ。だいたい1～2週間おきに日本とアメリカを行ったり来たりする生活だった。

遊びのような「仕事暮らし」

あまりにも疲れて、商談中に寝てしまうこともあった。

徹夜でソフトの試作品を作り上げて、シアトルから日本に飛んで帰ったその足で、クライアントにその試作品を持ち込んだときのことだ。試作ソフトを入れたパソコンを広いテーブルの真ん中に置いて、操作しながらクライアントに機能を説明するわけだが、興が乗ってくるとどんどん前のめりになる。気がつくと、靴を脱いでテーブルのうえに座って話していた。

その熱意が届いたのか、プレゼンの最重要ポイントについてはご理解いただけたようだ。ホッとして、「あとは、別の者が説明します」と言って、同行していたメンバーにバトンを渡した。すると緊張がほどけたのか、急激に眠気が襲ってきた。思わず、「ちょっと失礼します」と言って、床に寝っ転がって眠りに落ちた。

アメリカのＩＢＭでも寝たことがある。あとで詳しく書くが、ＩＢＭに「ＭＳ－ＤＯＳ」を売り込む、マイクロソフトの社運がかかった重要な交渉をしていた頃のことだ。このときも、ＭＳ－ＤＯＳの開発で昼も夜もなく働き詰めだった。そして、ＩＢＭとの会議で一通りの話が終わったところで、急激な眠気に襲われて、自分で隣の会議室に行って寝てしまった。

そんな調子だったから、日本で「新人類の代表」のように扱われたのも仕方のないことだったんだろう。「新人類」とは、１９８０年代に流行った、「従来とは異なった感性や価値観、行動規範を持っている若者」といった意味合いの言葉である。決して褒め言葉ではなく、揶揄《やゆ》まじりの言葉だった。

でも、そんなこと言われても困ってしまう。僕はただ、必死で毎日生きていただけだ。目が覚めたら、脳はいきなりフル稼働。10時間でも15時間でも仕事に没頭して、脳のスイッチがプチッと切れたら眠る。そんな感じだったのだ。ちょっと、コンピュータに似ていたのかもしれない。

膨大な仕事を同時並行で進めていたから、覚えておかなきゃいけないことも山ほどあった。ところが、僕は子どもの頃から「暗記」が大の苦手。今のUSBみたいな記憶媒体を作って、脳味噌に突っ込めたらいいなぁ、と本気で考えたこともある。それほど忙しかったのだ。今、東大で「プロジェクト・マネジメント」を教えているが、そのエッセンスはこの時期に培ったものだ。

しかし、当時はとにかく仕事が楽しかった。

やった仕事はうまくいく。やればやるだけ業績は上がる。注目は集める。忙しい、楽しい。仕事と遊びの区別のない、遊びのような仕事暮らしだったが、それが楽しかった。何も言うことはなかった。

大社長が「若造の話」に耳を傾けた理由

この頃、僕は日本の主要メーカーの一流のエンジニアと生意気な話をし、名だたる経営者とも膝を交えて話をさせていただいていた。

NECの関本忠弘社長、富士通の山本卓眞社長、ソニーの盛田昭夫社長、松下電器

（現パナソニック）の城阪俊吉副社長、京セラの稲盛和夫社長、キヤノンの酒巻久社長……。若い人にはわからないかもしれないが、みなさん当時の日本を代表する経営者だった。そんな方々も、僕の話に耳を傾けてくださったのだ。たかが、20歳そこそこの若造なのに、だ。ありがたいことだった。

年配の経営者に可愛がってもらっているように見えたのだろう。僕のことを〝じじ殺し〟と呼ぶ人もいた。たしかに、僕は年配の経営者の方々にたいへん可愛がっていただいたと思うし、そのことには心の底から感謝している。しかし、別に〝じじ殺し〟をしようなんて思ったことは一度もない。そもそも、僕は人に媚びることができない。どんなに偉い人が相手であっても、誰かに媚びるようなことができないのは、むしろ僕の欠点かもしれないと思うくらいだ。

それに、大物経営者に限らず、仕事で人と会うときはいつも緊張していた。毎回毎回が真剣勝負だと思っていた。大事だと思うのは、相手のことを尊敬して謙虚にぶつかっていくという姿勢だ。貴重な時間を割いて会ってくださるんだから、感謝の気持ちを忘れたらいけないと思う。

ただ、緊張してたら交渉なんてできない。だから、「失敗したらどうしよう」なんて思わないようにする。というか、そんな心配が消えるまで準備する。自分がプレゼンする内容を考えるときに、「相手はどう思うか?」「何を疑問に思うか?」という想定問答を何時間もかけて徹底的にやっていた。されると予想できる質問の答えを100通りは考えた。その答えを全部用意してから、訪問していたのだ。

そこまでやっておけば、相手がどんな大経営者でも、やりとりに余裕が生まれる。余裕がもてたら、こっちの勝ち。質問されても、「来たー」みたいな感じ。それで、相手の疑問、疑念を払拭《ふっしょく》できたら、OKが出る。そういうもんだ。

僕は「ソフト」ではなく、「ビジョン」を売っていた

僕が大物経営者ともお付き合いできるのは、マイクロソフトという〝後ろ盾〟があるからだ、という人もいた。

もちろん、そのとおりだ。NECの「PC-8001」の大ヒットによって、誰も

がマイクロソフトBASICを欲しがったからだ。ただし、僕は、単なるマイクロソフトBASICの営業マンではなかったと思う。

当時の僕は、日本にいるときは、ほとんど毎日接待をして、ブクブクに太って、肝臓まで悪くした。なぜそこまでやったか？　もちろん、美酒美食を楽しみたいからではない。僕が、あれだけ頑張れたのは、マイクロソフトBASICを売っているのではなく、パソコンの設計を売っていたからだ。自分なりに思い描いていた「理想のパソコン」「売れるパソコン」を実現したい一心で、パソコンの設計を売っていたのだ。しかも、それはただの妄想ではなかった。僕は、確かな裏付けのある「ビジョン」を売っていた。しかも、そんな話をできるのは、当時の日本には少なかったはずだ。その意味で、あの時の僕は尖がった存在だった。だからこそ、名だたる経営者も一流のエンジニアも、たかだか20代の若造の話に耳を傾けてくださったと思うのだ。

では、僕が売っていたビジョンの「裏付け」とは何か？

「情報」と「人脈」である。どんな分野の仕事でもそうだと思うが、新しい技術を追求したり、新しいモノを生み出したりするときには、その分野に存在する人脈の中に入っていなければならない。しかも、その分野における「本場」の「本物」の人脈でなければダメだ。そうでなければ、最先端の情報が入ってこないからだ。最高の価値をもつ情報は、「人」を介してもたらされる。「人脈」とは情報ネットワークなのだ。

そして、コンピュータの「本場」は、発祥の地であるアメリカにほかならない。当時の日本の大手メーカーは、大型コンピュータの分野では、アメリカの情報ネットワークに深く入り込んでいたが、この情報ネットワークは、パソコンという新しい分野には生かされなかった。パソコンは、パソコン独自のエンジニアのネットワークの中から生まれたからだ。

「人脈」がもたらす「情報」こそが力の源泉

その象徴がＩＢＭだ。

ＩＢＭは、大型コンピュータの〝巨人〟だった。しかし、その大型コンピュータがもたらす利益が莫大だったからこそ、パソコンへの参入が遅れた。のちに、ＩＢＭのパソコンを生み出したのは、当時の花形部門からはかけ離れた傍流にあった〝社内べンチャー〟のチームだったのだ。

そして、彼らは、大型コンピュータの情報ネットワークから外れて、マイコン・ブームの中から生まれてきた「ガレージ企業」の情報ネットワークにアクセスすることによって初めて、IBMパソコンを生み出すことに成功するのだ。

本場のアメリカの巨人IBMですら、そのような状況だったのだ。当時の日本メーカーが、いくらアメリカに社員を送り込んでも、パソコンの「情報」を集められなかったのは当然のことだった。大型コンピュータの情報ネットワークの中で、いくらパソコンの「情報」を求めても徒労に終わる運命だったのだ。


だからこそ、僕に「価値」が生まれたのだろうと思う。

あのとき、本場アメリカの情報ネットワークの「入り口」に立っていた日本人は、少なかった。僕は、『I／O』にいた頃から（ビル・ゲイツと出会う半年以上前から）、アメリカの情報ネットワークへのアクセスを続けていた。そして、その情報ネットワークから、常に最新の「情報」をインプットし、その情報をもとに「理想のパソコン」のビジョンを描いていた。だからこそ、僕の提案には魅力があったのだと思う。

しかも、僕と組めば、本場の情報ネットワークへのアクセス権も手に入るのだ。パソコン市場への参入を急ぐ経営者や一流エンジニアが、僕の話に耳を傾けて、その提案を受け入れてくださった最大のポイントは、ここにあったのだと思う。つまり、「人脈」とそれがもたらす先端の「情報」こそが力の源泉だったのだ。

「人脈」をつくる最も簡単な方法

どうやって、そんな「情報ネットワーク」にアクセスしたか？

そんなの簡単。本場アメリカに行ってみる。そして、パソコンの情報ネットワークの真ん中に飛び込むのだ。僕はパソコンに興味をもっていたから、自分が「面白そうだ」「行ってみたい」と思ったところに、出かけていった。種を明かせば、それだけのことなのである。

すでに書いたように、僕は、創刊してすぐに『I／O』の編集方針や経営方針に不満をもつようになった。そして、1977年5月上旬に、大喧嘩をして『I／O』と訣別するのだが、実は、その1ヶ月ほど前、ほとほと嫌気がさしていた僕は、「取材に行ってくる」と言って、アメリカに飛んでいた。

目的は、サンフランシスコで開かれた「第一回ウエストコースト・コンピュータ・フェア（WCCF）」だ。このフェアにブースを設けてもらって、『I／O』を展示するとともに、同誌で通信販売していたいくつかの商品を販売するためだった。ちゃんと『I／O』の仕事をしていたわけだ。


ただ、展示・販売は、いわば口実。本当の目的は、WCCFに出展している人々と交流することだ。こういうフェアには、人脈が一堂に会するのだから、そこに飛び込むのが、本場アメリカの情報ネットワークにアクセスするベストの方法だ。

だから、ブースの切り盛りは、現地で知り合ったアルバイトの人に任せて、僕は、会場中のブースに顔を出して、目ぼしい人物を見定めては話しかけまくった。「これは！」という人物がいたら、連日、押しかけては話し込む。3日の会期だったが、「ケイ」とファーストネームで呼ばれるほどの関係性になる。あとは、帰国後も彼らと連絡を取り合いながら、お互いに人脈を紹介し合う。そうすれば、だんだん情報ネットワークは分厚く広がっていく。

「インテル」にヘリコプターで乗り付けた？

その直後、僕は『月刊アスキー』を創刊するが、これも武器になった。

「日本のパソコン専門誌だが、取材をしたい」と言えば、本場アメリカの大企業もむげにはしない。創刊号が出てしばらくたってから、再び渡米。インテル、イムサイ、オズボーンなどの企業を回って、取材をするとともに、知り合いを広げていった。

後に、このときのことを、『日経ビジネス』（1986年8月4日号）は、こんなふうに書いている。

「彼は、コンピューター関連の有力企業を見学するため、一人米国を転々としていたが、その中の一社インテル（大手半導体メーカー）に、何の事前連絡もなくヘリコプターで乗りつけてみせた。バラバラバラとインテルの構内に突然轟音が響いたと思うと、ヘリコプターが駐車場に舞い降りてきた。何ごとだろうとインテルの社員が見守る中で、のそのそ出てきたのは、童顔の日本の『ボーイ』である。これには、さすがの米国有力ハイテク企業の社員たちも驚いた」

この記事によって、僕の「新人類」としてのイメージはさらに強化されたようだが、これは少々誇張がある。「何の事前連絡もなくヘリコプターで乗りつけてみせた」とあるが、さすがにそんな失礼なことはしない。ヘリコプターで行ったのは事実だが、前もって何時頃に行くという連絡はしてあった。

それに、着陸したのはインテルのビルの隣にパーキング・エリアがあったから、そこに降りてもらった。そこから2～3分歩いて、インテルに行ったわけ。当時のサンタクララ（シリコンバレー）はまだのんびりした時代だったから、空から、「あ、インテルだ。隣に降りよう」てなもんだった。

そんなわけで、「何ごとだろうとインテルの社員が見守る」なんてこともなく、普通にビルに入って受付をしただけだ。帰るときに、一階まで送ってくれた広報担当者に「どうやって帰るのか？」と訊かれたので、「いやぁ、ヘリコプターでちゃちゃっと」みたいなことを言ったら、目を見開いて驚いていたが……。

ヘリコプターを使ったのも、別に贅沢《ぜいたく》というわけではない。

あのときは、インテルのほかにもいくつかアポイントを取っておいたのだが、とにかくアメリカは広いから、場所がバラバラで全部方向が違う。そこで、サンフランシスコの観光地であるフィッシャーマンズ・ワーフで、ヘリコプターの遊覧飛行をやっていたので、これをチャーターしたら早いんじゃないかと思ったのだ。費用は、サンフランシスコからサニーベールまで1500ドルくらいだった。

低姿勢に、だけどしたたかにやる

こんな感じで、とにかく僕は興味関心の赴くままに、アメリカのパソコン情報ネットワークのど真ん中にズケズケと入り込んでいった。

神経が太いからできるんだ、という人もいるかもしれない。確かに、僕は押し出しは強いほうだと思うし、アメリカ人だろうが、イギリス人だろうが、ドイツ人だろうが、中国人だろうが、言いたいことは言ってきた。でも、実は人見知りだし、根暗なところもある。特に、若い頃は、頑張ってアメリカに飛び込んでいったが、内心はちょっと閉鎖的だった。

だから、渡米するときは、トランクの中はインスタント・ラーメンだらけ。日中は、気張ってアメリカ人とどんどん話をするが、「ミスター・ニシ、ディナーをご一緒に」なんて誘われても、「ありがたいけど先約がありまして」と断って、ホテルの部屋にこもってラーメンを食べていた。

でも、これじゃアカンな……。そう思った僕は、こんなメンタル・コントロールをするようになった。飛行機がアメリカの空港に近づいて着陸態勢に入り、滑走路が見えてきたら、アメリカに来たのではなくて、アメリカに帰ってきたと本気で思う。北島三郎の『函館の女』ではないが、逆巻く波を乗り越え、逆巻く雲をかき分け帰ってきたのだと思い込むのだ。そうすると、すごく気持ちがハイになってきて、人にも国にも、まったく抵抗感がなくなる。こういう自己暗示も大事なスキルだと思う。

それで、アメリカの地に降り立つ。

大事なのは、関西でいう「ええかっこ」をしないことだ。「へへ、ちょっとごめんくださいませせよ」と潜り込んで、ニコニコ笑いながら言いたいことを言って、「はい、さよなら」とやる。浪速《なにわ》の商人みたく、低姿勢に、だけどしたたかにやる。これは、世界中で通用するビジネス・マナーだと思う。そして、これが身についてきたら、僕も本格的に遠慮がなくなった。

第6章

伝説

知らないうちに「伝説」は始まっていた

マイクロソフト帝国――。

いまや、世界中の人々が、この言葉を聞いても違和感を感じないだろう。約40年前に、19歳のビル・ゲイツと21歳のポール・アレンが、たった二人で始めたパートナーシップは、世界に冠たる超巨大企業に上り詰めたのだ。

これを偉業と言わずして、なんと言う？　その最初期に、彼らの仕事に深くかかわり、それなりの貢献ができたことは、僕にとって幸運で名誉と言うほかない出来事だった。

しかも、僕は、マイクロソフトが帝国としての礎を築く、最初のきっかけとなったビッグ・ビジネスの現場に立ち会うことができた。

１９８１年、コンピュータの巨人ＩＢＭが、ついに出したパソコン「ＩＢＭ－ＰＣ」に、マイクロソフトのＯＳ「ＭＳ－ＤＯＳ」を採用。大型コンピュータで世界の

70％のシェアを誇っていたＩＢＭが参入することで、パソコンは個人ユーズからビジネス・ユースへと広がり、その市場を劇的に拡大させた。

そして、「ＩＢＭ－ＰＣ」が、パソコンのデファクト・スタンダードになることにより、「ＭＳ－ＤＯＳ」も世界標準としての地位を確立。これが、マイクロソフト帝国の礎石となったと言っていいだろう。


歴史に〝ｉｆ〟はない。

しかし、もしもあのとき、「ＩＢＭ－ＰＣ」に「ＭＳ－ＤＯＳ」が採用されなければ、どうなっていただろう？　いまのマイクロソフト帝国はなかったかもしれない。そして、誰かが別の帝国を築いていたはずだ。まさに、パソコンの歴史の分水嶺《ぶんすいれい》となる、伝説的な一幕だったのだ。


伝説の筋書きを書いたのは、気まぐれで残酷な〝女神〟だった。

〝女神〟は、この僕も登場人物のひとりに選び、演ずべき役割を与えた。そして、伝説への導火線は、思わぬところに引かれていた。ＮＥＣの「ＰＣ－８００１」が初めてお披露目されたマイコン・ショー。僕がNECのグリーンの背広を着て、デモンストレーションをしていたときに、〝女神〟は導火線に静かに火をつけたのだ。

「同じもの」と「うんといいもの」のどちらがいい？

あのとき、沖電気の生野さんと大西さんに声をかけられて、「西くん、あれ、いくらなの？」と聞かれたという話はしたが、それで会話は終わらなかった。そのとき、「うちも、NECのようなパソコンをつくりたいんだが」という相談を受けたのだ。

もちろん、僕は、後日、いそいそと沖電気に出かけて行った。そして、「NECと同じパソコンを作るか、うんといいものを作るか、そのどちらかがいいのでは？」と提案した。ある人に、「その問いかけは誘導ではないか？」と言われたことがある。そう訊かれたら、誰だって「うんといいもの」を選ぶ、と。そう言われれば、そうかもしれないが、別にそんな意図はなかった。まぁ、僕が「うんといいもの」を作りたかったのは事実だが……。

沖電気の選択は、「うんといいもの」だった。
しかも、ＮＥＣの「ＰＣ－８００１」よりも、もう少しビジネス寄りの「オフィスパソコン」が作りたいとの要望。そこで、僕はこう提案した。「ＰＣ－８００１」は、パソコン本体と、ディスプレイ、フロッピーディスク、プリンターをそれぞれコードでつないで稼働させる仕様だったが、今回は、すべてを一体化してはどうか、と。「そうでないと、ＮＥＣに勝てませんよ？」と言うと、みなさん「それもそうだ」ということで決定した。

さらに、沖電気は、マイクロソフトＢＡＳＩＣだけが動くパソコンではなく、ＯＳを積んで、汎用性の高いパソコンにしたいと希望された。そこで、アメリカのデジタルリサーチ社が１９７６年12月に発売した「ＣＰ／Ｍ」というＯＳを載せ、その上でＢＡＳＩＣが動くようにすることになった。当時、マイクロソフトはＯＳを持っていなかったので、「ＣＰ／Ｍ」を採用することに反対はなかった。

発表会に現れた外国人ビジネスマン

実は、このときすでに、アスキー・マイクロソフトは、デジタルリサーチ社の「CP／M」の日本での独占販売権を取得していた。当時、お世話になっていた大学の先生から、「CP／M」を買ってきてくれないかと頼まれたのがきっかけだった。

僕は、1977年秋（ビル・ゲイツに会う前。インテルにヘリコプターで行ったときだ）、「CP／M」を開発したゲイリー・キルドールに会うために、デジタルリサーチ社を訪ねた。キルドールの奥さんが、フォルクスワーゲンで空港まで迎えに来てくれた。モントレイ空港という、掘っ立て小屋みたいな小さな空港。今思えば、古きよきアメリカだった。

そのときのデジタルリサーチ社は灯台通りの床屋の2階で、一部屋しかなかった。社員もたったの4人しかいなかった。多くの8ビット・パソコンに「CP／M」が搭載される前だったからだ。

そして、僕は、キルドールから、「CP／M」を買うとともに、日本での独占販売権を得る。彼は、ワシントン大学で数学を修め、海軍大学院で教授を務めた人物。海を愛する、紳士的な人物だった。だから、僕が初めて売ったソフトは、マイクロソフトのBASICではなく、デジタルリサーチの「CP／M」だったということになる。

そんなわけで、沖電気のパソコンに「CP／M」を搭載してもらうのは簡単だった。もちろん、沖電気の設計にカスタマイズするために、アスキー・マイクロソフトで「CP／M」にずいぶんと手に入れる必要があり、それはなかなかたいへんな仕事ではあったが……。これをやったのは、後にマイクロソフト日本法人の社長になる古川享さんである。

このときも、僕は思いつく限りの機能を、パソコンに盛り込もうと思った。

そのために、BASICをどんどん拡張していったら、メモリー容量がいっぱいいっぱいになってしまった。開発メンバーたちは、「どうすんのこれ？」と頭を抱えたが、独自のメモリー拡張スキームを作って解決。盛り込める限りの機能をBASIC

に詰め込んでしまった。窮すれば通ず、ということだ。

そして、1980年5月に、8ビット・パソコンとしては、史上最大の容量を誇る「OKI－BASIC」を搭載した「IF－800」が発売。「業務用志向の本格的パーソナル・コンピュータ」と銘打って売り出したところ、これが大ヒット。沖電気も喜んでくれたし、僕も自信を深める結果となった。

ただ、このときはまだ、伝説の筋書きが粛々《しゅくしゅく》と進んでいることなど、知るはずもなかった。しかし、妙なことはあった。というのは、「IF－800」の発表会に、スーツをビシッと決めた外国人ビジネスマンが現れて、その場で5台も買って行ったのだ。そんな人は、あんまりいない。後にわかるのだが、それはIBMの社員だった。

IBMの密使、現る

それから2ヶ月ほどたったときのことだ。

僕は、シアトルのマイクロソフト社で仕事をしていた。すると、突然、ビルが「I

BMが来るから用意しろ」とか言って、みんなが大騒ぎになった。「なにごとや？」と思ってビルに訊くと、IBMから密使が訪れるという。僕も、密使との会議に出ることになった。

後によく知られるようになることだが、当時、大型コンピュータの〝巨人〟として君臨していたIBMは、新たに勃興《ぼっこう》したパソコン市場に完全に出遅れていた。要するに、大成功した企業が陥りやすいとされる「イノベーションのジレンマ」にはまっていたわけだ。

そこで、IBMの社内ベンチャーとしてエントリーシステム事業部「ESD」を立ち上げて、パソコンの開発に取りかかる。そのリーダーを任されたのが、ドン・エストリッジという人物。僕も親しくさせてもらったが、実に聡明で誠実、めちゃくちゃ優秀なビジネスマンだった。

彼が取った戦略は、当時のIBMの伝統の真逆を行くものだった。IBMは、自社製品は、ネジ一本にいたるまで内製する方針を徹底してきたが、エストリッジは、可能な限り外部調達でまかなうことにしたのだ。パソコンの技術は、大型コンピュータの技術とは全く違う。内製化しようとすれば膨大な時間がかかってしまうからだ。

それよりも、最も優れた部品やソフトを外部調達して、組み合わせれば、最速で最高のパソコンが作れる。ただし、要所要所にIBMオリジナルの技術を入れ込むことで、簡単に他社がコピー製品を出せないようにガードする。簡単に言えば、そんな賢明な戦略を取ったわけだ。


実際、エストリッジがマイクロソフトに遣わした密使は、僕たちに「BASICがほしい」と単刀直入に求めた。

驚いたのは、彼らが求めたのは、沖電気の「IF－800」用につくった「OKI－BASIC」だったことだ。もちろん、僕たちに異論などあろうはずがない。巨人IBMがマイクロソフトBASICを使ってくれれば、そのビジネス上のインパクトは半端なものではない。ビルも迷わずOKを出した。

僕たちは「重大な決断」を迫られた

ただ、話はそこで終わらなかった。

IBMの密使は、もうひとつの要求をした。沖電気の「IF－800」が念頭にあったのだろう、マイクロソフトにOSも提供してほしいと求めたのだ。しかし、これには応えたくとも、応えられなかった。当然だ。当時、マイクロソフトは自社のOSを持っていなかったからだ。

ないものはしょうがない。

そこで、ビルと相談して、キルドールを紹介することになった。ところが、ビルがキルドールのところに電話をしたが、あいにく不在だった。ビルは、「たいへん重要なお客さんが明日、デジタルリサーチを訪ねるから、予定を空けておいてほしい」と伝言を頼んで、電話を切った。IBMの社員が行くとは言わなかった。というか、言えなかった。IBMとの秘密保持契約があったからだ。

ところが、翌日IBMの密使がデジタルリサーチを訪ねて行ったら、キルドールは不在だった。やむなく、奥さんと話し合おうとしたのだが、その前提として、秘密保持契約にサインするように求めると、何が何だかわからない奥さんは、サインを拒否してしまったのだ。

「それでは、話はできない」。何度も押し問答をした末に、そう悟った密使は、用件も伝えずに引き上げざるを得なかった。そして、困り顔で、マイクロソフトに再びやって来て、「デジタルリサーチは、どうもIBMと商売をする気がないようだ」と、そんなことを言ったのだ。

僕たちは、マイクロソフトにビッグ・チャンスが訪れたことを悟った。

もしも、僕たちが、IBMが求める水準のOSを作ることができれば、採用されるかもしれないということ。実は、当時、マイクロソフトは、8ビット・パソコン用のOSの開発をひそかに進めていた。しかし、IBMが作ろうとしていたのは、16ビットのパソコンだ。しかも、与えられた時間は3ヶ月。その短期間に、果たしてOSを作り上げることができるのか……。

僕たちは、重大な決断を迫られていた。

「やるべきだ！　絶対にやるべきだ！」と叫んだ

次の日の晩、僕たちは集まった。

ビル・ゲイツ、ポール・アレン、僕、そして、１９８０年にビルが初めて採用した経営人材で、のちにマイクロソフト社長になるスティーブ・バルマーの４人だった。

「このビッグ・チャンスをみすみす逃す手はない」。当然、全員がその思いだった。しかし、ビルもポールも不安を隠さなかった。16ビット用のＯＳを3ヶ月で作れるのか？　しかも、ＩＢＭの要求水準を満たさなければならない。それは、あまりにも無謀なチャレンジに思えたのだろう。

話は堂々巡り。

なかなか結論は出なかった。ソファに深く腰をかけていた僕は、それをジリジリしながら聞いていた。そして、「やっぱり、難しいんではないか……」という話に傾きかけたとき、思わずこう叫んだ。

「やるべきだ！　絶対にやるべきだ！」

僕には勝算があった。

いや、シアトル・コンピュータ・プロダクツという会社が「シアトル・コンピュータ・プロダクツＤＯＳ」という16ビット用のＯＳを開発していることを知っていたのだ。だから、僕は、それを買えばいいと言った。

もちろん、それを僕たちの力で大幅に改善する必要はあるが、ゼロから開発するよりも絶対に早い。ＩＢＭが求める３ヶ月という期間に間に合わせることができるはずだ、と。つまり、「ＯＳ」を買うんじゃなくて、「時間」を買うということだ。

これで、会議の空気が変わった。

「そうだ、やろうじゃないか」ということで、早速、ポール・アレンが、シアトル・コンピュータ・プロダクツに車を飛ばしていって、「シアトルＤＯＳ」を買って来た。そして、これに改良を加えることによって、「ＭＳ－ＤＯＳ（マイクロソフト・ディスク・オペレーション・システム）」が誕生する。

ただし、すんなりとIBMマシンへの「MS-DOS」の採用が決まったわけではなかった。その後、「事実」を知ったキルドールは、IBMのために16ビット用のOSを作ることに合意。「CP/M」を16ビット用に改良した「CP/M-86」を作り上げたからだ。

これは脅威だった。そりゃそうだ。8ビット・パソコンのOSを、ほぼ制覇していたのは「CP/M」だったのだ。その実績と経験値をもつキルドールの存在は脅威に決まっている。

目的のためには「プライド」も捨てる

だけど、僕たちは勝った。

理由は二つあると思う。

第一に、技術的な問題だ。時間のなかったキルドールは、8ビット用の「CP/M」を16ビット用に拡張する作戦を取った。そのため、継ぎはぎ、継ぎはぎのプログラムにならざるを得なかった。一方、僕たちは、もともと16ビット用に開発が進んでいた「シアトルＤＯＳ」を完成させたから、コード・セットがクリーンだったのだ。

第二に、ＩＢＭに対するスタンスだ。

キルドールはリベラルな思想の持ち主だったのか、ＩＢＭの権威を認めなかった。はやく言えば、ＩＢＭの注文を「はいはい」と聞くような人じゃなかったのだ。

ところが、僕たちは、〝ＩＢＭ様〟の言うことには、何でも「はいはい」と従った。あのプライドの高いビルも、ＩＢＭを相手にしたときは丁重極まりない対応をした。もちろん僕も、なんのこだわりもなく「はいはい」と言うことを聞いた。当然だ。ＩＢＭに採用されれば、でっかいビジネスになるのは明らか。浪速の商人だったら、そんな局面でプライドなんて無粋《ぶすい》なことは言わないだろう。

こうして、「ＭＳ－ＤＯＳ」はＩＢＭのパソコンに採用されることになる。

そして、ＩＢＭ初のパソコン「ＩＢＭ－ＰＣ」は、１９８１年９月に発売された。これには僕も驚いた。プロジェクト・スタートから、たった４ヶ月で作り上げたのだ。エストリッジの辣腕《らつわん》ぶりには、唸るほかなかった。

「運命」を分けたのは何だったか？

「ＩＢＭ－ＰＣ」は発売と同時に爆発的な人気を呼んだ。

当時、トップシェアを誇っていたアップルを抜き去り、２年後には首位に立つ。最後発だったＩＢＭは、あっという間にパソコン市場をひっくり返し、その力をまざまざと見せつけたのだ。

それを見た世界中のパソコン・メーカーは、ＩＢＭパソコンと互換性のあるパソコンの製造を開始する。それは、16ビット・パソコンの時代の到来であると同時に、マイクロソフトの「ＭＳ－ＤＯＳ」が、新時代ＯＳの世界標準となったということでもあった。そして、これが帝国建設の礎石となった。「ＭＳ－ＤＯＳ」があったからこそ、「ウィンドウズ」が生まれ、「ウィンドウズ２０００」へと繋がっていったのだ。

それにしても、〝女神〟とは残酷なものだ。

その後、キルドールは、「コンカレントＣＰ／Ｍ」という、非常に優れた16ビット用のOSを作ったが、「MS－DOS」の覇権《はけん》はまったく揺るがなかった。IBMマシンに純正として採用されるか否か。その瞬間に、運命はほぼ確定してしまったのだ。

僕には、〝女神〟が2度サイコロを振ったような気がしてならない。

IBMの密使がはじめてマイクロソフトに来て、ビルがデジタルリサーチに電話をしたとき。そして、翌日、密使がデジタルリサーチを訪問したときだ。あのどちらかのタイミングで、キルドール本人がいれば、運命は変わったはずだ。もし、そうだったならば、マイクロソフト帝国が建設されることはなかったかもしれない。

あるいは、〝女神〟は慈悲深かったのだろうか？

なぜなら、彼女は2度もサイコロを振ったからだ。つまり、キルドールに2度のチャンスを与えたとも言えるのだ。しかし、キルドールは、いるべき場所にいなかった。そして、〝女神〟は、この伝説の結末を決めてしまったのだ。

残酷な〝女神〟との付き合い方

ただ、運命を決める〝女神〟がいたとしても、一瞬一瞬を生きている人間には関係のない話だ。今、〝女神〟がサイコロを振ってるなんて、誰にわかる？

結局、僕にできることは、一瞬一瞬を一生懸命生きることでしかない。所詮、人間には自分の運命などわからない。実際、あの頃の僕は、「理想のパソコン」を求めて、ひたすら仕事をしていただけだった。

ＮＥＣや沖電気の人たちと一生懸命パソコンをつくり、ＮＥＣのグリーンの背広を着てデモをやり、ビルやポールたちに「やるべきだ！　絶対にやるべきだ！」と叫び声を上げる。全部、その時その時にできそうなことを全力でやっただけ。

ビルもポールもキルドールもエストリッジも、みんなそうだったに違いない。人間にはそうすることしかできないのだから、それをコツコツやり続けるしかないのではないか。

〝女神〟は勝手にサイコロを振り、僕の運命は決まる。

それは、彼女の仕事であって、僕の仕事じゃない。〝女神〟のサイコロがどう出ようが、それはそれで受け入れるしかない。結局、僕にできることは、僕のやりたいこと、やるべきことを一生懸命やることでしかない。そして、そういう仕事があることに感謝することでしかないのだ。

今は、そんなふうに思う。

第7章

開拓

人間には「独りで考える時間」が必要だ

僕はユニークな立場にあった。

アスキーの副社長と、アスキー・マイクロソフトの社長を兼務していたが、マイクロソフト米国本社でも、当初、アスキーからの出向の形で平社員として働いていたのだ。

ところが、NECの「PC－8001」の成功によって、僕のもとには国内メーカーから次々と仕事が舞い込むようになった。その結果、1979年には、マイクロソフトの売上の4割近くを僕が稼ぎ出すようになった。

これは、ビル・ゲイツにとっても想定外のようだった。当時、ビルが来日したときには、お金を節約するために、ホテルオークラの僕の部屋に一緒に泊まったものだが、そのときにも、数百万ドルの取引を決める電話が一晩中かかってくるものだから、彼は目を丸くして驚いていた。

結果を出せば評価する——。

これがアメリカだ。僕は、マイクロソフト米国本社で、あっという間に出世していった。１９７９年には極東営業担当の副社長、翌80年には企画担当副社長から新技術担当の副社長になり、１９８１年にはボードメンバーとなった。当時のボードメンバーは、ビルとポール・アレンと僕の３人だけだった。

つまり、この頃、僕はアスキー、アスキー・マイクロソフト、マイクロソフト米国本社の３社でトップマネジメントに加わっていたということだ。アスキーのことは、ほとんど郡司さんや塚本さんにやってもらっていたとはいえ、20歳そこそこの若造にとっては重圧でもあった。

というか、とにかく考えなければならないことが多すぎた。しかし、日本でもアメリカでも仕事に追いまくられているので、落ち着いて考えを巡らせる余裕などない。僕は、「独りで思考を深める時間」を渇望していた。

そこで、僕が活用したのが「雲の上」だった。

当時の僕の生活は、日本が３分の１、アメリカが３分の１、残りの３分の１が飛行機の上だった。そして、機上では「独りの時間」を確保できる。そんなときに、自分の頭がいちばんアクティブに働いたので、その時間を「考えること」に当てることにしたのだ。

だから、僕はいつも、ゆったりとした時間が過ごせる「ファースト・クラス」を利用した。お金にシビアなビルの取り巻きは、これを、あまり面白くなく思っていたようだ。しかし、いつも忙《せわ》しなく動き回っているから、飛行機の上くらいはゆったりと寛《くつろ》ぎたいという思いがなかったといえば嘘になるが、それ以上に、僕が求めていたのは「独りで思考を深める」ことだったのだ。

「予定された偶然」を生み出す

それだけではない。

ファースト・クラスは、「最高のセールス空間」でもあった。

当然だ。大企業トップなどのＶＩＰは必ずファースト・クラスを利用するのだから、僕もそこにいれば、彼らと親しくなるチャンスが自動的に転がり込んでくるからだ。

つまり、「予定された偶然」を生み出すためにも、僕は、ファースト・クラスを利用したというわけだ。

実際、僕は「雲の上」で、ソニーの大賀典雄社長、CSKの大川功社長、京セラの稲盛和夫社長をはじめ、多くの一流経営者と知り合った。マスコミで僕の顔は知られていたから、フランクに声をかけてくださる方もいたし、こちらから図々しくお声がけしたこともある。そして、機上でのコミュニケーションから、画期的な製品が生み出されていったのだ。


稲盛社長と出会ったのは、1981年秋のことだ。

シアトルから東京に帰る飛行機の中で、稲盛社長と偶然隣り合わせた。当時、稲盛社長は48歳。まさに油の乗り切った時期だった。一方、僕は24歳。2倍の年齢差だったわけだ。稲盛社長にすれば、子どもと話しているようなものだったと思うが、僕にいろいろ質問をされて、熱心に耳を傾けてくださった。


僕は、問われるがままに、いろいろなことを話した。

そのなかで、特に、稲盛社長が興味を持たれたのは、ハンドヘルド・コンピュータ、つまり、手で持ち運べるサイズのコンピュータのアイデアだった。当時のパソコンは、すべてデスクトップ型。まだノート・パソコンもない時代だったから、世界中を探しても、ハンドヘルド・コンピュータなどなかった。自分で言うのもなんだか、実にイノベーティブなアイデアだったのだ。

稲盛和夫氏に「雲の上」で売り込む

僕が、このアイデアを得たのは、その1年以上前のことだ。ある日、シアトルのオフィスで、「ウォール・ストリート・ジャーナル」を読んでいたら、ソニーの広告が出ていた。ソニーが「タイプコーダー」という電子筆記マシン（携帯ワープロ）を発売するという広告だった。

早速、「タイプコーダー」を買って、いろいろと触ってみた。ハンドヘルドの小さなサイズで平面だったが、4行の液晶表示装置を内蔵していた。入力したデータを磁気テープに保存して、モデムでデータを送信できる設計だ。主に、新聞記者に使ってもらうことを意識した製品のようだった。

画期的な製品だと思ったが、日頃、コンピュータを使っている僕には、少々物足りなかった。ビルにも「タイプコーダー」を見せると、「これがワープロじゃなくて、パソコンだったらいいのにな」という点で意見が一致した。だったら、マイクロソフトBASICを使って、自分で作ってみようと考えた。

アイデアはいくらでも湧いた。

「プリンターを内蔵する」「記憶メディアの装着」といったハード面から、「ワープロ機能」だけではなく「スケジュール管理機能」「住所録」などの機能も盛り込むといったソフト面まで、あの時点で考えうる限りの技術を使って、「僕ならこうしたい」というアイデアをまとめ上げた。

そして、そのアイデアを、稲盛社長にぶつけたのだ。「やってみませんか?」と言うと、「ぜひやってくれ」と稲盛社長は快諾。すぐに京セラの担当役員を紹介してくださって、具体化に向けて走り出した。まさに「即断即決」だった。

もちろん、このアイデアは他のメーカーにも売り込んでいた。

最初にアイデアを持ち込んだのは、ＩＢＭのプリンターを通じて付き合いのあったエプソンだった。そして、エプソンの優秀なエンジニアの力で、１９８２年にＡ４サイズのハンドヘルド・コンピュータが完成。「世界初のハンドヘルド・コンピュータ」として話題になったこともあり、25万台を超えるヒット商品となった。

ただ、「Ａ４サイズ」というのは少々大きかった。

ハンドヘルドではなかったのだ。「もっと小さなコンピュータを作りたい」と思った僕は、〝小型化〟でしのぎを削っていた電卓メーカーに作ってもらおうと考えて、シャープとカシオに売り込みに行った。

ところが、この2社には、にべもなく断られてしまった。シャープには「こんなんうちでも作れるわ」と言われ、カシオには「ソフトが高すぎる」と言われた。門前払いされたも同然で、あれは悔しかった……。

ならばと、僕はキヤノンに売り込みに行った。すると、山路敬三副社長は、僕のプレゼンが終わって3分くらいで「やりましょう」と言ってくださった。これには、気合いが入った。そして、キヤノンのポケットコンピュータは1983年に完成。これもヒットした。

デザインを中心に据えた「奇跡の会社」

京セラとの仕事は、エプソンやキヤノンと併走しながら進められた。

このプロジェクトの最大の特徴は、京セラによるOEM生産という点にあった。つまり、京セラの高い技術力によって高品質のハンドヘルド・コンピュータの雛形《ひながた》を作り、それを世界中のブランド力のあるメーカーに買い取ってもらう。そして、各社の販売ネットワークに乗せて、大々的に売り出していくというわけだ。

このハンドヘルド・コンピュータの設計には3ヶ月かかった。

僕とアスキー・マイクロソフトの天才的なメンバー山下良蔵さんと鈴木仁さんの二人で、寝る間も惜しんでやった。食事の時間ももったいないから、ハンバーガーとフライドチキンばっかり食べていた。最後は、もう見るのもイヤだったけど、それでも時間がもったいないから頑張って食べた。

そして、京セラがハードを開発し、マイクロソフトがビル・ゲイツの陣頭指揮のもとソフトを書き上げた。販売契約は3社と結んだ。アメリカ向けはタンディ、日本はNEC。この2社は僕のツテで話をまとめた。ヨーロッパ向けは、京セラがイタリアのタイプライター製造会社・オリベッティと話をまとめてくれた。

製品には、3社の要望を聞きながら、それぞれアレンジを加えた。

面白かったのは、3社ごとに重視するポイントが違ったことだ。タンディは使い勝手と色を変え、NECはタッチキーと半導体メモリーを追加し、オリベッティはデザインを完全にオリジナルに変えた。これを社風というのだなと興味深かった。

なかでも印象的だったのはオリベッティだ。

この会社とは、ビジネスの打ち合わせを通じて、いろいろなことを学ばせてもらった。オリベッティは、デザインということが考え方の中心にいつもある会社だった。本社のある、北イタリアのイブレアという町そのものをデザインしていたという「奇跡の会社」である。

のちに、コーポレート・アイデンティティ（ＣＩ）ということがさかんに言われるようになったが、そのずっと前からＣＩを実践していたのだ。「こんな会社もあるんか！」と感銘を受けた。パソコンの登場により経営が悪化し、いまはテレコム・イタリアの傘下に入ってしまったのが、僕には残念でならない。

「空気の泡」でプレゼンテーションをした

こうして、京セラが開発したハンドヘルド・コンピュータは、１９８３年に、タンディ、ＮＥＣ、オリベッティから発売になった。

どれも大ヒットしたが、中でも、タンディの「Ｍ１００」は、10年以上も販売され続けて、世界中で６００万台を売り上げるメガ・ヒットとなった。そして、世界的に見ると、このヒットによってハンドヘルド・コンピュータの歴史は始まったと言っていいだろう。

これは嬉しかった。

なかでも、ジャーナリストに愛された。テレビなんかでアメリカのジャーナリストが「M100」を使っているのを見るたびに、「エンジニア冥利」に尽きると思ったものだ。もちろん僕だけの力でできたことではないけれど……。でも、自分がパソコンの歴史の開拓者のひとりであることに誇りを感じたのは事実だ。

ただ、僕は「もっとできる」と思った。

3社ともに、ハンドヘルド・コンピュータが売れたので、「次はどうしよう?」という話になったとき、僕は、「ハードの厚みを半分にして、液晶表示をもっと細かくしよう」と提案した。特にこだわったのは「厚さ」だった。

タンディへのプレゼンでは、もっと薄くできることを証明するために、「M100」を水につけて、出てきた空気の泡の体積を測った。空気の泡が出てくるということは、そこに空間があるということ。その空間を詰めていけば、薄さは半分にできることを実証したのだ。

だけど、僕の提案は採用されなかった。そして、タンディは、独自に後継機種「M

２００」を開発することになる。残念だった。

工場見学の最中に「大量発注」を即決した

タンディには振られてしまったが、僕の頭の中では、「Ｍ１００」の次のモデルのことがずっと気になっていた。「ポータブル・パソコン」のあるべき姿とは何なのか、ずっと考え続けていたのだ。

僕の答えは、「ＩＢＭのデスクトップ・パソコンと互換性のあるポータブル・コンピュータ」だった。これは当然のことだ。僕自身がそうだったが、ポータブル・コンピュータのユーザーは、〝親機〟としてデスクトップ・パソコンをもっており、その〝親機〟とデータを共有している。そして、世界中のメーカーが、ＩＢＭのデスクトップ・パソコンと互換性のある製品を販売しているのだから、ポータブル・パソコンを普及させるには、ＩＢＭとの互換性は必須の条件だった。

そして、ＩＢＭのマシンには、マイクロソフトのＭＳ－ＤＯＳが採用されていたのだから、僕は、画期的なポータブル・パソコンを世界に送り出すことができるポジシヨンにいたのだ。

問題は、ディスプレイだった。

当時のデスクトップ・パソコンのディスプレイは、ブラウン管を使って大きな画面を実現していたが、ポータブル・パソコンでブラウン管は使えない。そんなでかいもん、持ち運べないからね。

ソニーの「タイプコーダー」は、4行の液晶表示画面だった。僕は、エプソン、キヤノン、京セラとともに、その表示画面を少しでも大きくできるように努力してきた。しかし、小さな平面のハンドヘルド・コンピュータに大きな表示画面を埋め込むことはできないし、そもそも、当時は、大きな液晶画面をつくる技術が確立されていなかった。だから、僕は「大きな液晶画面がほしい」といろんなところで話していた。

そんなある日、「液晶工場を見に来ないか?」とお声がかかった。

鳥取県にある鳥取三洋電機（現・三洋テクノソリューションズ鳥取）だった。早速、僕は飛んでいって、液晶のラインを見せてもらった。そうすると、それまで見たこともないくらいの大きな液晶を作っていた。すごいと思った。

それで、「もっと大きな液晶を作ることはできますか？」と聞いたら、「注文さえあればね」とおっしゃる。だから、その場で決めた。「じゃ、僕が注文します」と言って、「640×400」の液晶ディスプレイを作ってもらうことにした。ただ、液晶画面だけでは動かない。その足で浜松のヤマハを訪ねて、液晶コントローラーをお願いした。

こうして世界初の「ノート・パソコン」は生まれた

これで、ポータブル・パソコンのカギとなる部品が揃ったことになる。

完成品のイメージはすぐに浮かんだ。平面だったハンドヘルド・コンピュータを大きくして、二つに折る。そして、開いたときに手前に来る平面にキーボードを配置し、もう一方の平面にディスプレイを表示する。つまり、現在の「ノート・パソコン」の形態だ。製造は鳥取三洋電機が引き受けてくれた。

どう売るか？

僕は三井物産に相談した。そして、アメリカのゼニス・データ・システム社にOEMすることになった。最大の顧客はペンタゴン（アメリカ国防総省）で、数十万台売れたそうだ。そして、この後、すべてのメーカーが、同じ形態のノート・パソコンを作るようになった。

僕は、このマシンが、世界で最初のノート・パソコンになったと思っている。少なくとも、あの時期、僕は、日本メーカーのみなさんとともに、世界のパソコン・ビジネスの最先端を走っていたと思う。そして、あの時期、日本発のイノベーションが世界に変化を促していたことを、複雑な気持ちで思い出すのだ。

すでにある「要素」を組み合わせることで、イノベーションは生まれる

もちろん、僕の〝お手柄〟だと言いたいわけではない。

僕は、ソフトのプログラミングをやったわけではないし、ハードをつくったわけで

もない。プログラミングもできるが、僕よりも優秀な人に任せたほうがいいに決まっている。ハードはなおさらだ。ハードの製造には莫大な設備投資が必要だから、僕自身が手を出していたら、とんでもない大失敗をしたに違いない。絶対に成功することはなかったと断言できる。

僕が果たすことができたのは、格好よく言えば「プロデューサー」の役割だ。世界のパソコン・ビジネスの最新情報を常に摂取しながら、僕なりの「理想のパソコン」をイメージする。そして、「理想のパソコン」を作るためには、どうすればいいかを考える。

ただし、ゼロから考えるわけではない。「誰」と「誰」を結びつけて、「あの技術」と「この技術」を結びつければ、できるんじゃないかと考える。つまり、すでに存在している「要素」を組み合わせるのだ。そして、僕は、それらが融合するように働きかける。すると、その「場」に集った方々が創造性を発揮されて、世界にも通用するイノベーションが生み出されたのだ。

その意味で、規模は大きくなったが、やっていることは子どものときと変わらない。あの頃、僕は、自分の願望をかなえるために、家中の機械を分解して、部品を組み合わせて新しいものを作っていた。その発想法が、無意識的に生かされたのだろう。そして、そんな僕のアイデアに共感してくださり、力を貸してくださる方がたくさんいてくださったからこそ、僕は、パソコン・ビジネスの先端を走ることができたのだ。ほんとうに、ありがたいことだと思う。

第8章

対決

パソコンの「統一規格」をつくる

パソコンの統一規格をつくる——。

その理念のもと、アスキーが「ＭＳＸ」というブランドを立ち上げたのは、１９８３年のことだ。

今では、どのメーカーのパソコンを使っても、何不自由なくデータを共有することができるが、当時は、それができなかった。多くのメーカーが独自のハードウェアをつくり、僕たちが、それぞれの仕様に合わせて、マイクロソフトＢＡＳＩＣを大幅にカスタマイズして〝移植〟していたから、メーカーごと、機種ごとの互換性がなかったのだ。

僕は、数年前から、このままではダメだと思っていた。

理由は大きく二つあった。第一に、ユーザーにとって不便だということ。

たとえば、ある機種を使用していたユーザーが、新発売になった別機種に乗り換えようとすると、双方に互換性がないために、それまでに使っていたソフトも買い直す必要がある。新機種に対応したソフトがない場合だってある。あるいは、友達同士でソフトを貸し借りしようと思っても、機種が違えばそれもできない。それでは、パソコンを所有する楽しみも半減だ。

これでは、パソコンのユーザーなど増えっこない。一つのソフトをすべてのハードで使えるようにしなければならない。こんな状況を放置していたら、いつまでたっても、一般にパソコンが普及する時代はやってこないだろう。一家に一台普及するパソコンを自分の手で作ることを夢見ていた僕は、「なんとかしなければ……」と、ずっと思っていた。

第二に、僕たちの仕事に過重な負担がかかっていたことがある。

「ハードウェアの仕様に合わせて、マイクロソフトBASICをカスタマイズして〝移植〟する」とだけ読めば、簡単そうに見えるかもしれないが、いちいち細かく作り込まなければならないから、これがもうめちゃくちゃに負荷のかかる仕事なのだ。しかも、厳しい納期が設定されている。ひとつの仕事が終わったら、メンバー全員がふらふらのグロッキーになるような状態だった。

それに、〝移植〟だけではなく、納品後も、マイクロソフトと日本メーカーの間に立って、サポートやメンテナンスもすべてやらなければならない。延々と、そういう仕事をやっていると、さすがに身も心もすり減ってくる。

「なぜ、メーカーごとにてんでんばらばらに違うものを作るのか?」という声が聞こえてくるようになるのも当然だった。優秀なプログラマーを手放したくなかった僕は、「統一規格化をしなければ……」と、ずっと思っていた。

家庭用ビデオの「規格戦争」を見ながら考えた

しかし、統一規格を打ち立てるのは生半可なことではない。

当時進行中だった、家庭用ビデオにおける「VHS」と「ベータマックス」の規格争い――いわゆる「ビデオ戦争」――を見ながら、そう思っていた。

1975年にソニーが開発した「ベータマックス」の対抗規格として、日本ビクター(現JVCケンウッド)が、1976年に「VHS」を開発したのが、「ビデオ戦争」の始まりだった。まさに業界を二分する苛烈な戦争だった。

最終的に、「VHS」に軍配が上がる形で終戦を迎えるまでに10年を要したので、当時は、戦いの真っ只中だったが、強力な販売網を誇る松下電器が「VHS」陣営に入ったことで、「VHS」が優勢に立っている状況だった。そうした情勢をウォッチしながら、僕は、パソコンの統一規格に思いを巡らせていた。


そして、機は熟しつつあった。

というのは、家庭用パソコンが発売されるようになっていたからだ。

1981年に、NECの子会社が、家庭用パソコンとして「PC－6001」を出していたし、それと前後して、テキサス・インスツルメンツ、アタリ、コモドールなどのアメリカの会社も家庭用のマシンを出していた。

その状況を、家電メーカーの人たちも興味深く見つめていた。当初、パソコン市場に参入したのは、NECをはじめとするコンピュータ・メーカーだったが、徐々に、いわゆる家電メーカーも家庭用パソコンの可能性を模索し始めていたのだ。なかでも熱心だったのは、松下電器の前田一泰さんだった。しょっちゅう二人で顔を合わせては、家庭用パソコンのアイデアを出し合ったものだ。

前田さんが、こんな話をしてくれたのをよく覚えている。家電市場は４０００万世帯ある。４０００万世帯ということは、年間４００万台つくっても全部に行き渡るのに10年かかるということ。年間４００万台ということは、月に40万台近く作らなければならない。これはものすごいビジネスだ、と。

たしかに、すごいビジネスだ。そして、そのビジネスにかかわりたいと思った。ただし、そのビジネスを成功させるためには統一規格が不可欠。そうでなければ、ユーザーが混乱するし、僕たちの現場も崩壊するだろう。今こそ、仕掛けるべきタイミングではないかと思った。ビル・ゲイツに相談すると、彼も同意してくれた。

あえて「敵」同士に売り込む

さて、どうするか？

僕は、当時進めていた仕事のひとつに注目した。

ＭＳ－ＤＯＳを搭載したＩＢＭ初のパソコン「ＩＢＭ－ＰＣ」の開発が終わって、

ホッとしていた1981年秋頃、ニューヨークと香港にあるスペクトラビデオという会社から、入門用のパソコンを作ってくれという依頼があった。

すぐに香港に飛んで、試作品を見に行ったのだが、たくさん改善できるポイントがあると思った。そこで、「ここも、あそこも、あれも、これも変えてほしい」とお願いをした。すると、社長のハリー・フォックスは、「そんなに言うんだったら、好きにやってください。でも、いいものを作ってくださいよ」と任せてくれた。

それで、僕は、マイクロソフトBASICを使った8ビット・マシンの集大成にしようと考えて、アスキー・マイクロソフトのメンバーと一緒に作り込んでいたのだ。「これだ！」と思った。このマシンをプロトタイプにして、パソコンの統一規格を開発すればいい。そして、僕は、統一規格の大まかな構想を考え、優秀なメンバー二人が具体化してくれた。

プロトタイプが出来上がったのは1982年冬だった。

早速、僕はそれを、松下電器の前田さんのところに持ち込んだ。「これをプロトタイプに、パソコンの統一規格をつくりたい」と訴えると、前田さんは「おもしろい」と言って、城阪俊吉副社長に会いに連れて行ってくださった。

次に、訪問したのはソニーだった。

創業者の盛田昭夫さんの次男の昌夫さんを知っていたので、プロトタイプを抱えてお願いに行った。松下電器とソニーは、「ビデオ戦争」で〝交戦〟状態にあったが、僕は、あえてそうしたのだ。

当時、後にソニーの社長になる出井伸之さんが事業部長だったが、ソニーはどうすべきか相当迷っていらっしゃったと思う。その迷いを吹っ飛ばしてくださったのが、大賀典雄社長だった。大賀社長は、松下電器の城阪副社長に電話をして相談をされたようだ。そして、「松下はやりますよ」という城阪さんの発言によって、ソニーも統一規格に参画することを決断されたと聞いている。

マイクロソフト・松下電器・ソニー

これで、統一規格の実現性が生まれたと思った。「ビデオ戦争」で対立する陣営にいた松下電器とソニーが、一緒に同じパソコンの統一規格を採用することには、大きな意味とメッセージ効果があると考えたのだ。そして、1983年の年明け早々からプロジェクトは動き始めた。

まず、統一規格の名前だ。

日本ビクターの「VHS」の例もあったので、英語の3文字にすることに決めていた。そして、いろいろ考えた名前のなかのひとつが、マイクロソフトの「次」という意味でつけた「MSX」という名前だった。どれにするか決めかねていたときに、ひらめいた。「MSX」には、松下電器の「M」とソニーの「S」が含まれている。「これはいい」と思って、「MSX」という名前に決定した。

そして、メーカーを回って、MSXへの参画を呼びかけるとともに、参画企業の要望を反映しながら、統一規格の作り込みを進めていった。

参画企業は順調に増えていった。松下電器、ソニーのほか、日立、東芝、三菱、富士通、三洋、日本ビクター、パイオニア、京セラ、キヤノン、ヤマハなど錚々たるメーカーが参画を決断してくださった。

残念だったのは、当初、MSXへの参画を表明したNECが、最終局面で「考え方としてはいいが、うちは乗れない」と撤退を決定したことだった。パソコン市場に大きな影響力をもつNECの撤退は痛手だったが、MSXと正面からぶつかる家庭用パソコン「PC－6001」があったから、それもやむを得ない判断だったのだろう。

一方、統一規格の中身も順調に固まって行った。

本体のスロットにカートリッジを差し込めば、それだけでワープロとしても使えるし、ゲームで遊ぶこともできる。テレビにつなぐこともできる。とにかく安くて、誰でもすぐに使えるパソコンを作ることを目指した。僕は、「一家に一台」のパソコンができると期待を膨らませていた。

孫正義氏から「挑戦状」を叩きつけられた

そして、1983年6月16日に記者発表会を開くことを決定した。

世間の注目を集めるためにも、僕は、参画各社の経営首脳に記者発表会に登壇してほしいと依頼して回った。みなさんが登壇してくださることになったが、特に嬉しかったのは、MSXからの撤退を決めていた、NECの大内淳義副社長が記者発表会への参加を決断されたことだった。これは、本当にありがたかった。

しかし、こうして準備万端整ったところに激震が走った。

記者発表まであと1週間に迫った6月9日、ソフトバンクの孫正義さんが、十数社のメーカーとともに、MSXに対抗する統一規格を出す用意があると発表。「アスキーがMSXをどうしても強行するというなら、日本ソフトバンクも別の統一規格を提唱して主導権争いをする」と、僕に「挑戦状」を叩きつけてきたのだ。

孫さんは、当時、「日の丸ソフトが必要だ」と言っていたから、マイクロソフトが仕掛けるMSXには乗らないだろうと思って、声をかけずにいた。それが、土壇場《どたんば》で昂然《こうぜん》と反旗を翻したのだ。これには、正直まいった。

孫さんは、僕の2歳下。当時、ソフトバンクの創業から2年もたっていなかったと思うが、パソコン用ソフトウェアの流通では圧倒的なシェアを収めていたから、業界では強い影響力をもっていた。メディアでは「天才・西と神童・孫」などと言って、ライバル関係を煽っていたから、この孫さんの「挑戦状」で周囲は騒然となった。「MSX戦争」と仰々しく書き立てるマスコミもあった。

孫さんと4時間くらい話し合った

まぁ、でも、僕には僕の「義」があってやっていることだ。

業界を二分する「ビデオ戦争」の二の舞になれば厄介とは思ったが、「やれるもんやったら、やってみぃ」という気持ちでいた。

しかし、ここで間に入ってくれた人がいる。松下電器の前田一泰さんだ。実は、孫さんと僕を最初に引き合わせたのは前田さんだった。孫さんが松下電器に売り込みに来たときに、たまたまいた僕を紹介してくれたのだ。

その前田さんが、6月26日に、孫さんと僕をホテルオークラのスイートルームに呼び出した。鰻か何かを注文してくれて、前田さんが「狭い業界で争ってもしゃーないやろ」といった感じで、二人の間を取り持ってくれた。夜の9時くらいから、深夜の1時くらいまで、3人で寝っ転がって話し合った。

孫さんには孫さんの言い分がある。僕には僕の言い分がある。なかなか話は進まなかったけど、前田さんの手前喧嘩もできずにいると、最終的には、僕が「規格のライセンス料を安くする」といった譲歩をするかわりに、孫さんは「対抗規格」の旗をおろすことで話は決着した。

正直なところ、「しょうがない」と思って手を打ったけれど、内心、「悔しい」という思いもあった。でも、今となれば、あれも懐かしい思い出だ。いや、いまや日本を代表する経営者になった孫さんと丁々発止《ちょうちょうはっし》とやりあったんだから光栄に思わないといけないのかな……。

孫さんは、嫌味も一流だった。

僕について、こんなふうに語っているのを読んで、思わず笑った。

「日本のパソコンの歴史を見たとき、西さんの果たした役割はあまりにも大きかった。

マイクロソフトを日本に持ち込んだのは西さんであり、ＭＳＸや初期のパソコンの概念を提案してきた。もし西さんがいなかったから、日本のパソコンの普及は少なくとも一年は遅れていたのではないか。一人の人間が歴史に一年の差をつけるだけの影響力をもったとしたら、それはすごいことだと思う」（『西和彦の閃き 孫正義のバネ』小林紀興、光文社）

ずいぶん褒めるから何かなと思ってたら、「一年」って……。えらい嫌味だけど、うまいこと言うから笑ってしまう。

お返しというわけではないが、僕からも一言だけ。最近、孫さんは「事業家」ではなく「投資家」になってしまったように見える。別に、それに文句があるわけじゃない。だけど、僕がライバル心を燃やすとともに、リスペクトしていたのは、「事業家・孫正義」だ。投資家は別の世界の人だから、僕は少し寂しく思っている。

すっかり話が逸れてしまった。

ともあれ、前田さんの手打ちによって、孫さんが仕掛けた「ＭＳＸ戦争」は、２週間ほどで鎮火《ちんか》した。ただ、それだけでは終わらなかった。翌7月には、任天堂がファミリーコンピュータを発売。今度は、任天堂ファミコンと戦うことになったわけだ。

「カシオの値下げ」で各社のMSXはほとんど死んだ

各社から、MSXマシンが出たのは10月くらいからだった。

値段はだいたい5万円くらい。使いやすいパソコンだったから、年末商戦でちょっとしたブームになった。新しくMSXに参画する企業も相次いだ。当初は、うまくいくかと思っていた。

ところが、カシオが、ほぼ半額の2万9800円でMSXマシンを発売。これをきっかけに、MSX陣営内部での激しい値引き合戦が始まった。これが痛かった。一生懸命作って、一生懸命売っても、それで利益が出なければプロジェクトは続かない。あ〜あ、と思った。

それでも、MSXは、日本で300万台、海外で100万台くらい売れたと思う。1983年の日経優秀製品賞も受賞した。

だけど、後年、「ＭＳＸは失敗だった」とよく言われた。悔しかった。一時期ではあったかもしれないが、ＭＳＸはたしかに大流行になったのだ。それを作り出したのは、僕たちだということは訴えたかった。でも、「失敗だ」という人には、「はい、そうでございます」と言うほかなかった。「成功だった」と言っていただける人には「ありがとうございます」と。それしかなかった。

僕が失敗した「二つの理由」

マスコミにもやられたような気がする。

僕たちは、家庭用パソコンを作ったのであって、ゲーム機を作ったわけではなかった。しかし、マスコミは、ずっとＭＳＸを任天堂のファミコンと比べて、「失敗したゲーム機」というレッテルを貼り続けた。これは心外だった。確かに、ＭＳＸをゲーム機として使った人は多かったかもしれないが、だからと言って、ＭＳＸをゲーム機として印象付けるのは間違っているし、商売上も迷惑だった。

だって、任天堂のファミコンは１万４８００円だったから、ゲーム機として比べたら、どうしたって相手のほうが有利だ。でも、もしかしたら、任天堂のマスコミ戦略が一枚上手だったのかな……。そこはよくわからない。

ともあれ、MSXは、結局、パソコンの規格統一を実現することはできなかったし、「一家に一台」のパソコンにすることもできなかったのだから、当初の目的を達成することには「失敗」したと言うしかないんだろう。

なぜ、失敗したか？　僕は二つあると思っている。

一つは、ポジションニングの問題があったと思う。上位機種である16ビット・マシンについては、IBMが事実上の標準になっていたし、普及版としては任天堂のファミコンがあった。IBMの方が処理速度が速かったし、任天堂のほうが安かった。その間に立たされて、MSXは存在意義を十分に発揮することができなかったのだ。

しかし、もう一つの理由こそが、本質的な問題だった。それは、コンピュータはコンピュータのままでは、一家に一台必要な機械にはなり得ないということだ。安くて使い勝手のいいコンピュータを作れば、コンピュータが一家に一台ずつ入り込むんじゃないかと思っていたが、そうではなかったのだ。

失敗をしたから「本質」が見えた

それを痛感させられたことがある。

入院中だった大叔母を見舞ったときに、「僕の作ったパソコンのMSXが欲しくないか?」と尋ねたのだ。すると、大叔母は「いらない」と答えた。

「ワープロができるよ」と言うと「ペンがあるからいい」

「計算ができるよ」と言うと「電卓があるからいい」

「電子メールがあるよ」と言うと「電話があるからいい」

「ゲームができるよ」と言うと「テレビがあるからいい」と言う。

取りつく島もなかった。精一杯のエネルギーを注ぎ込んで開発したMSXが、なぜボールペンと電卓と電話とテレビに勝てないのか……。がっくりしながら、考えた。

それで、ハッと思った。

僕は、安くて使い勝手がいいパソコンを作れば、一家に一台普及すると思っていたけれど、これが間違っていたのだ。どんなに安くても、どんなに機能がついていても、それだけでは普及しない。だって、パソコンがなくても、他のもので用は足せるのだから。実際、任天堂のファミコンは1万4800円で大ヒットしたけれど、それでも、テレビや電話みたいに一家に一台というところには程遠かったのだ。

では、何が足りないのか？

ずっと考え続けて、ようやく気づいた。ネットワークが足りないんだ、と。

電話もテレビも、ネットワークで結ばれているから、一家に一台ずつ普及しているのだ。車もそうだ。道路網というネットワークで結ばれているから、みんな車を買う。道路網が整備されてなければ、ランボルギーニが10万円で売られてたって、誰も買わないだろう。道路網がなければ、どんな高級車もただの「箱」にすぎないのだ。

それは、パソコンも同じはずだ。パソコンも、ネットワークがなければただの「箱」。ネットワークで繋がれてはじめて、一家に一台の必需品になるのだ。僕は、『月刊アスキー』の創刊号で、「コンピュータは対話のできるメディアなのだ」と書いた。それは間違ってはいない。しかし、因果関係が逆だったのかもしれないと思った。

パソコンがネットワークされて、対話できるメディアになったときに、はじめてパソコンは本格的に普及するのだ。つまり、パソコンは、ネットワークされることによって、はじめて「パーソナル・コンピュータ」になることができる、ということだ。僕は、この「本質」を、MSXの失敗を通して学んだ。そして、この学びが、後のパソコン通信事業「アスキーネット」へとつながっていった。


もうひとつ、MSXの名誉のために言っておきたいことがある。MSXから10年以上も過ぎてからのことだ。僕は、世界中の若くて優秀なプログラマーと知り合ったが、多くの人がこんな話をしてくれた。

「私が初めて出会ったコンピュータは、父親が買ってくれたMSXでした。あの出会いがなければ、私はコンピュータの仕事をしていません」

嬉しかった。僕たちが、MSXに精一杯に込めた「思い」は、確かにユーザーに伝わっていたのだ。そして、MSXは今でも使ってくれた人たちの記憶の中に生きていると思っている。

第9章

未完

ウィンドウズを生んだ「幻の名機」

僕は、「幻の名機」を作ったことがある。

1983年10月に発売された、NECの「PC－100」というマシンだ。

これは、日本のパソコン史上はじめて、マウスで操作できるグラフィカル・ユーザー・インターフェイス（GUI）を搭載したマシンだった。

GUIとは、現在、僕たちが当たり前のように使っているものだ。

パソコンの画面上に、ウィンドウやアイコンといったグラフィックが表示され、それをマウスなどでポインターを動かして選択する。若い人のなかには、パソコンとはそういうものだと思っている人も多いだろう。

しかし、それはマイクロソフトの「ウィンドウズ」などのOSが誕生したことで実現したもので、かつてのパソコンは全然違った。1981年にマイクロソフトが開発したMS－DOSというOSも、文字や数字でコマンド入力をしなければ動かすことができなかった。つまり、当時のパソコンは、多少なりともコンピュータの知識がなければ操作することができなかったのだ。

このままでは、パソコンを大衆化することはできない……。

そう考えた僕は、GUIを実現できるだけのスペックのハードウェアを作り上げ、そこにマイクロソフトが開発中だったOS「ウィンドウズ」を搭載するというチャレンジに打って出た。

このとき、「ウィンドウズ」は開発を始めたばかりの時期だったが、ビル・ゲイツはこのアイデアに同意。NEC、京セラという強力なメーカーと、著名なハードウェア・エンジニアである松本吉彦さんも力を貸してくれることになった。最高の体制が出来上がったのだ。

しかし、このマシンはいくつもの悲運に見舞われる。

僕たちが夢見たような形で完成させることができなかったうえに、後続機種を作ってリベンジをする希望も断たれてしまったのだ。それでも、このマシンを愛してくれたユーザーはたくさんいた。それだけに辛かった。悲痛な体験だった。そして、未完のまま終わりを告げたこのマシンは、僕にとっては永遠に「幻の名機」なのだ。

マイクロソフトが抱えていた「ジレンマ」

この話の発端は、1973年に遡る。

この年、ゼロックスが1970年に設立した「パロアルト研究所」で、ひそかに「Alto（アルト）」と名付けられた画期的なマシンが開発される。マウスによるGUIを導入した世界初の比較的小さなコンピュータの試作品だった。これは非売品で、最初に作られたのはわずか2台だったという。しかし、これが評判となり、1970年代後半までに約2000台が作られて、ごく限られたコミュニティでのみ使われていたようだ。いわば、伝説的なマシンだったわけだ。

そして、この「アルト」をプロトタイプとして、高性能のワークステーション（業務用の高性能コンピュータ）を開発するプロジェクトが動き出す。

それが、1981年4月に、ゼロックスが発売するワークステーション「STAR」である。これこそが、世界で初めてGUIを実装した商用システムだった。日本での発売価格が500万円を超えるという高額商品だったから、一般ユーザーにはとても手の出せる代物ではなかった。しかし、明らかに操作性に優れたこのマシンを目の当たりにして、僕たちパソコン業界の人間は大きな衝撃を受けた。

のちに「LISA」「マッキントッシュ」などのGUIを実装したパソコンを生み出すスティーブ・ジョブスのみならず、パソコン業界の誰もが、GUIがパソコンの標準仕様になる日が近いと直感したはずだ。それは、ビル・ゲイツ、ポール・アレン、そして僕も同じだった。

ただ、マイクロソフトにはジレンマがあった。

もしも、僕たちがアップルのように、ハードとソフトの両方を手掛ける会社だったら問題はなかった。ジョブスがそうしたように、GUIを実現するために、ハードウェアとOSを同時に革新することができただろう。

しかし、僕とは違って、ビルはあくまでもソフトウェアに経営資源を集中させるという信念の持ち主だった。ということは、ハードウェア・メーカーがGUIに対応したスペックのマシンを作ろうとしない限り、GUIに対応したOSを作っても意味がないということになる。マイクロソフトは、MS－DOSの顧客であるハードメーカーの現状から乖離《かいり》することができないというジレンマを抱えていたのだ。

「天才プログラマー」をスカウトした

だから、おそらくビルも、GUIに対応したOSの開発に着手したい気持ちはあっただろうが、「しばらくは様子見」という態度を取らざるを得なかった。そして、僕たちは、当面は、MS－DOSの改良と、表計算や文書作成のアプリケーション・ソフトの開発に経営資源を集中させるという選択をしたのだ。

喫緊《きっきん》の課題は、アプリの開発体制の構築だった。しかも、近い将来、GUIがパソコンの標準仕様になることは確実だったから、GUI対応のアプリを作る必要があった。それに、「マッキントッシュ」の制作期間を圧縮するために、ジョブズが「マッキントッシュ」に搭載するGUI対応のアプリの制作を、僕たちに依頼してきていたという事情もあった。

そこで、僕は一計を案じた。「パルアルト研究所」の知り合いに頼んで、ある人物にコンタクトを取ったのだ。その人物の名前は、チャールズ・シモニー。「パルアルト研究所」で「アルト」のGUIに対応した文書作成アプリ「Ｂｒａｖｏ（ブラヴォー）」をつくった、ハンガリー・ブダペスト生まれの天才プログラマーだ。

１９８１年のある日、僕はビルを連れて、「パルアルト研究所」にシモニーを訪ねた。「アルトを見学したい」という名目だったが、要するに「スカウト」をしに行ったのだ。シモニーは熱心に「Ｂｒａｖｏ」のデモをしてくれた。〝紛うことなき天才〟だったが、ひょうきんな人柄で、ビルも僕も気に入った。そして、その日のうちにビルが「お前、マイクロソフトに来いよ」と口説き落としたのだ。手が早いよね。

シモニーがマイクロソフトに来ると、ビルは早速、「インターフェイス・マネジャー」というプロジェクトを立ち上げて、シモニーをリーダーに据えた。ミッションはもちろん、ＧＵＩ対応のアプリの開発だ。最初に取り組んでもらったのは、「マルチプラン」と呼ばれる表計算ソフトだった。これが、のちに「エクセル」へと発展していく。シモニーは、「ワード」も作ったはずだ。

もちろん、ビルも僕も、いずれはＧＵＩ対応のＯＳを作ることも見越して、「アルト」の中身を全部知っているチャールズをスカウトしていた。しかし、この時点では、そんなことはおくびにも出さず、アプリの開発に集中してもらおうと思っていた。

僕はビル・ゲイツに「隠し球」の存在を打ち明けた

しかし、１９８２年春に僕たちは方針を急転換する。

「インターフェイス・マネジャー」のプロジェクトを拡張して、「アルト」型のＯＳを開発することにしたのだ。

なぜか？　当時、急成長していたビジコープというソフト企業が開発中だった「Ｖｉｓｉ Ｏｎ」というソフトの存在だった。これは、ＭＳ－ＤＯＳの上でＧＵＩを実現するモジュール。この情報を耳にしたビルは危機感を募らせた。もしも、このまま「VisiOn」の開発を指をくわえて見ていれば、ビジコープにGUI対応のOSの主導権を握られるかもしれない……。闘争心に満ちたビルが、それを放置しておくはずがなかった。

そこで僕は、ひそかに仕込んでいた「隠し球」があることを、ビルに打ち明けた。それこそが、後にNEC「PC-100」になるアイデアだった。1981年秋に京セラの稲盛社長と「雲の上」で初めて出会って、アイデアを売り込んだことはすでに書いた。それをきっかけに、タンディのハンドヘルド・コンピュータができるのだが、その時に、もうひとつ稲盛社長に売り込んだのが、このアイデアだった。

稲盛社長は、非常に強い関心を寄せてくださった。しかし、当時、マイクロソフトは、まだGUI対応のOSの開発に着手する状況にはなかったので、そのことをご説明して、体勢が整ったら連絡する旨を伝えた。この「隠し球」を、ビル・ゲイツに伝えたのだ。

ビルは、これを快諾。すぐに、シモニー率いる「インターフェイス・マネジャー」

に、ＧＵＩ対応のＯＳの開発を指示した。これこそが、のちに「ウィンドウズ」と呼ばれるＯＳの開発が動き出した瞬間だった。ちなみに、僕は、誰が、どういう経緯で「ウィンドウズ」と名付けたのは知らない。

一方、僕は、すぐに京セラに連絡を入れて、生産協力してもらえるとの回答を得た。そして、「ＰＣ－８００１」以来、同志的関係性を築いていたＮＥＣの渡辺和也さんたちのグループにも協力を要請。僕が基本設計を書いて、開発・販売の主体はＮＥＣ、生産は京セラが担い、マイクロソフトが「ウィンドウズ」を提供することになった。

ただ、このハードウェアの開発は非常にハードルの高いものになる。そう思った僕は、元アスキー・マイクロソフトの有名エンジニアに加わってもらうことにした。僕にとってのスティーブ・ウォズニアックだった松本吉彦さんだ。こうして、「ＰＣ－１００」プロジェクトは動き始めたのだ。

「西のアホがマウス1万個も注文しやがった」と責められた

同時期に、僕は「PC－100」に標準装備する「マウス」の生産に向けて動き出した。

はじめて、マウスに触ったのは1981年4月。ゼロックスの「STAR」についていたマウスを、マイクロソフト米国本社で触ったときのことだ。僕は、子どもの頃からの〝習い性〟で、早速、ねじ回しで分解してみた。すると、案外簡単な構造だった。「これなら僕でも作れるかな」と思った。しかも、そのゼロックスのマウスは一つ2000ドルもしたが、日本でつくれば一つ100ドルでできると思った。

それ以来、僕は、ヒマを見つけては、「マウス」の開発を進めていた。粘土をこねて、大きさを決めて（自分の手くらいの大きさだった）、使いやすいボタンの位置なんかも、その粘土を何度も握ったりしながら決めていった。

そんなことをやっているときに、アルプス電気の展示を見た。当時、アルプス電気では、「トラックボール」というレーダー指示器（機械にはめ込んだボールを指でくるくる回してポイントを動かすもの）を製造していたのだが、「これをひっくり返せば、マウスになる」と僕は思ったので、事業部長の清野哲弘さんに頼んでみた。そして、僕はビルと一緒に東京からヘリコプターを飛ばして、仙台の近くにあるアルプス電気湧谷事業部に飛んだ。

わざわざ、ビルに見に行ってもらったのにはワケがある。僕が自社製の「マウス」を作ろうと提案したところ、マイクロソフト社内からは反対の声が上がったのだ。「そんなの売れっこない」というわけだ。だから、ビルについてきてもらって、アルプス電気の技術を直接見てもらおうと思ったのだ。

実物を見たら、ビルもすぐに納得。「よし、やろう」というので、僕は、最初5万個発注しようとしたのだが、「本当に売れるかどうかもわからないのに、なぜ、そんなに発注するのか、1万個でいい」とビルは言う。「たかが1万個で何ができるの？」と僕も応酬したけど、マイクロソフトでの上司はビルだ。結局、「最初だから」ということで、1万個を発注した。

ところが、今度は、これがアスキー・マイクロソフト社内で反発に合った。製品が出来上がったら、アルプス電気からアスキー・マイクロソフトに納品されることになったから、「西のアホがマウスを1万個も注文しやがって、会社中ネズミだらけになるじゃないか」とか、めちゃくちゃ言われた。ひどい。しかし、その後、「マイクロソフト・マウス」はマイクロソフトにとって年間売上高1000億円は超えるビジネスになったのだ。

スティーブ・ジョブスに「スカウト」された

ともあれ、こうして、アルプス電気で「マイクロソフト・マウス」を作ることが決定。マウスを動かすためにはソフトがないとダメだから、マイクロソフトがデザイン画面を書き上げ、1982年末には、アルプル電気で量産を前提にしたマウスの開発が本格化した。

そして、1983年6月に「マイクロソフト・マウス」は発売に漕ぎつけるのだが、売り値を決めるときに、ちょっと面白いことがあった。メーカーと僕たちの文化の違いを象徴するような出来事だったかもしれない。

当時のメーカーは、原価を足し合わせて、それに適正利益を乗せて値決めをしていた。アルプス電気は当初、「2500円くらいでどうか?」と聞いてきた。そこで僕は、人差し指を一本立てて、「いや、これでいきましょうよ」と言った。すると、相手は慌てて、「いやいや、1000円はいくらなんでもきつい」と言い募った。

今度は、僕がびっくりした。だって、1000円のはずがないでしょ? それで、僕は「違う違う、1万円ですよ」と言った。相手は、最初あっけに取られていたが、「独創的な商品は高い値段で受け入れてもらわなければいけません」と言うと、納得されていた。


そういえば、「右クリック、左クリック」が生まれたのも、このときだ。ゼロックスの「STAR」のマウスはボタンが三つ、アップルの「LISA」のマウスはボタンが一つ、マイクロソフトの「マウス」はボタンが二つだった。「ボタンを二つにした設計思想は?」なんて質問をよく受けたが、そんな上等な話ではなかった。当時、ビル・ゲイツとスティーブ・ジョブスは仲が悪かったから、ビルにしてみれば、何が何でもアップルの真似だけはできないという気持ちがあったんだろう。「ネズミの目は二つだし……」なんて理由で、ボタンは二つと決まったのだ。そして、この世に「右クリック、左クリック」という言葉が生まれたわけだ。

ちなみに、多分この頃だったと思うが、実は、スティーブ・ジョブスにスカウトされたことがある。日本でガンガン売り上げていたからか……。でも、光栄なことではあったけど、僕は即座に断った。

僕にとって、ビルは心から信頼する同志だったし、マイクロソフトでの仕事が心から楽しかったからだ。それと、僕が言うのもなんだが、ジョブスは「変わった人だな……」という印象だった。常識的なビルのほうが、僕はいいパートナーだと思った。NeXTになってからも話す機会があり、そのときにも、来ないかと言われた。

遅々として進まない「ウィンドウズ」の開発

すでに述べたように、日本初のGUIを搭載したマシン「PC－100」のためのマウスの製造は順調に進んだ。しかし、肝心のソフト本体の開発は難航した。

僕とビルは、「PC－100」はMS－DOSを搭載することを大前提に、そこにGUIのモジュールである「ウィンドウズ」を追加することを考えていた。

それを聞いたハードウェア・エンジニアの松本さんは、通常のパソコンのハードウェアでは、GUIのモジュールを動かすことは不可能だろうと考えていた。その判断は正しかった。当時のパソコンのCPUの標準だったインテル「8088」は、文字や数字などを扱うだけなら十分だったが、グラフィックを扱うにはあまりにも非力すぎたからだ。

そこで、松本さんは、グラフィックを高速処理するためには、特殊な演算装置を導入して、ハードウェアを徹底的に強化したMS－DOSマシンをつくるべきだと判断。アメリカのLSIロジックという会社に「PC－100」用のLSIをカスタム発注した。LSIロジック社が、そのLSIの製造に手間取るなどヒヤヒヤする局面は何度も訪れたが、1983年2月には、LSIロジック社のカスタムLSIの量産体制が整う目処がつくところまで漕ぎつけた。ハードウェアはゴールが見えたのだ。

しかし、「ウィンドウズ」の開発は難航を極めた。僕は、何度もビルに、「ウィンドウズはまだか？」と督促したが、彼は「待て」と繰り返すばかりだった。僕は、ジリジリするような「焦り」を感じ始めていた。

「PC－100」の発売は、1983年10月と決まっていた。これは動かせない。それに、アップルの世界初のGUIパソコン「LISA」は1983年1月に発売になり、スティーブ・ジョブスはすでに、「マッキントッシュ」の開発も着々と進めていると言われていた。

「絶望的な戦い」を強いられる

その頃、「ウィンドウズ」の開発チームは絶望的な戦いを強いられていた。

なぜか？　マイクロソフトのジレンマの真っ只中に立たされていたからだ。

前にも書いたように、ビルが「ウィンドウズ」プロジェクトを立ち上げたのは、ビジコープ社が、MS－DOS上でGUIを実現するモジュール「VisiOn」を開発していたからだ。そして、「VisiOn」は、インテル「8088」を搭載した通常のパソコンでも稼働するものとして開発されていた。

それに対抗するためには、「ウィンドウズ」も同じことができなければならないのは当然のことだった。

つまり、通常のパソコンのスペックでGUIが実現するモジュールにしなければならなかったのだ。開発チームは、GUIを実現するという非常に高度な「目標」と、通常のパソコンで使うという「条件」の板挟みにされていたのだ。

これがいかに困難なことであるか、僕にも容易に想像できた。それは、松本さんが、通常のパソコンではGUIを表現するのは不可能だから、カスタムLSIを開発したことからもわかることだ。

実際、1983年初頭に、「ウィンドウズ」のプロトタイプを動かしてみたが、その動作は耐えがたいほどに遅かった。正直なところ、「これは間に合わないのではないか……」という疑念を抑えることはできなかった。

「零戦も3回つくり直した」

「僕たちが作っているマシンにターゲットを絞って、ウィンドウズを開発すれば間に合う可能性があるんじゃないか？」

そんな思いもよぎった。しかし、僕はマイクロソフトのボードメンバーだ。どんなマシンにも搭載できる基本ソフトを提供するという、マイクロソフトの基本方針から外れるわけにはいかない。

そして、迷いに迷った挙句、1983年3月に、僕は苦渋の決断を下さざるを得なかった。「PC－100」にウィンドウズを搭載することを断念したのだ。ウィンドウズ・マシンをつくるために全力を尽くしてくれていた松本さんは落胆を隠さなかった。僕は、そんな彼にこう声をかけた。

「零戦も3回つくり直したのよ。一発目を出してから、すぐに手直ししていこう」

NECに対しては、「ウィンドウズ」を断念するかわりに、すでにあった「マルチプラン」などのGUI対応のアプリケーションを搭載することで、GUIマシンを実現するという代案を示した。苦肉の策だったが、それ以外に方法がなかった。

こうして、1983年10月に「PC－100」はなんとか発売に漕ぎつける。

もちろん、僕たちが当初夢見たものとは異なるマシンだった。しかし、GUIのOSを欠くという劣悪な条件のなかで、工夫に工夫を重ねて、日本初のカラーGUIを実現したマシンであったのは、間違いのない事実だ。先進的な機能を備え、さまざまな画期的なアプリも同梱していた。GUIの時代が来ることを知っていたマニアからは、高い評価が与えていただいた。

経営者に求められる「冷徹な判断」

だが、ビジネス的には大惨敗となった。

まず、高価格だった。本体にカラーディスプレイ、プリンターなどをセットにすると100万円近くになった。アップルの「LISA」も動作の遅さと高価格（日本での販売価格は282万円）ゆえに、商業的には失敗に終わったが、その二の舞になってしまったのだ。

それだけではない。当時、NECの主力商品は、1982年に発売されたMS-DOSを搭載した16ビット・パソコン「PC-9800」シリーズと、従来から続くオフィスコンピュータ「N5200」シリーズだった。これら純NEC製の主力商品と違い、「PC－100」は、僕をはじめとする社外の力も借りた商品だった。そのため、営業面でも重視されることはなかった。「PC－100」は、不遇な境遇のもとに生み出されてしまったのだ。

しかし、僕たちは、諦めてはいなかった。

「ウィンドウズ」の搭載を諦めたときから、初代「PC－100」の後続機種をつくるという信念のもと、改良すべきポイントを洗い出し、準備を始めていた。通信機能をつけ加え、グラフィックの処理スピードを上げ、ウィンドウズを載せる……。〝零戦〟を完成させるために、綿密なディスカッションを重ねていたのだ。

だが、この夢もはかなく潰《つい》える。

NECは「PC－100」の後続機種の発売を見送る決定をくだしたのだ。そして、奇《く》しくも「PC－100」と同月に発売となった、「PC－9800」シリーズの最新作「PC－9801」に、経営資源を集中させることになった。「社内政治」に負けたと言えるのかもしれないが、ともかく、この瞬間に「PC－100」は未完のマシンとなることが決まったのだ。

その後、MS－DOSを搭載した16ビット・パソコンの標準機として、「PC－9801」は市場を完全に制圧。約10年にわたって国内市場の「王者」として君臨することになる。まさに、明暗が別れたわけだ。

のちに、当時の大内淳義副社長は「PC－100を伸ばせば伸びたのだろう」と発言されたが、僕は複雑な気持ちだった。夢を絶たれた悔しさはもちろんあったが、一方で、あの時点で「PC－9801」一本に絞り込んだからこそ、市場制覇が成し遂げられたのかもしれない。そこには、経営者に求められる冷徹な判断があったというべきなのだろう。

僕が「ウィンドウズ」を愛してやまない理由

一方、「ウィンドウズ」の開発チームの苦難の道は、その後も延々と続いた。

1983年10月、ビジコープが「Ｖｉｓｉ Ｏｎ」を発売したほか、いくつかの企業がそれに続いた。しかし、マイクロソフトは翌11月に「ウィンドウズ１・０」を、１９８４年５月に発売するアナウンスをしただけだった。

そして、１９８４年１月には、アップルが「マッキントッシュ」を発売。ＧＵＩパソコンの可能性を大きく広げるマシンの出現は、世界にインパクトを与えた。ところが、１９８４年春に、「ウィンドウズ１・０」の発売は同年11月に延期となり、さらに秋には１９８５年６月へと再延期となった。結局、正式発売は１９８５年11月にまでずれ込んだのだ。

しかも、ようやくリリースされた「ウィンドウズ１・０」は、「マッキントッシュ」のＯＳと比べれば大きく見劣りがした。グラフィックの表現力に乏しく、動作スピードもどうしようもなく遅かった……。

この頃には、僕はすでにマイクロソフトを離れていた。

だから、その後、１９９３年の「ウィンドウズ３・０」、１９９５年の「ウィンドウズ95」、そして現在に至るまでの苦闘の歴史の詳細は知らない。

しかし、これまでに、何十年にも及ぶ気の遠くなるような時間と、何百万、何千万ラインのプログラムと、たくさんの人々の身を削るような努力があったことは、僕にはよくわかる。まさに偉業だと思うし、よくぞここまでやり遂げたものだと、心からの感動を覚える。

そして、ビル・ゲイツが、その苦闘の歴史の第一歩を踏み出したとき、そのそばには僕がいた。僕たちは、世界初のウィンドウズ・マシン「PC－100」に全身全霊をかけて、無惨な失敗に終わった。しかし、それこそが「ウィンドウズ」の苦闘の歴史の序章だったのだ。

その後、僕たちが「PC－100」に託した夢は、マイクロソフト社内で膨大な時間と労力を注ぎ込み、何度も練り直し、何度も練り上げて、やがて「ウィンドウズ」という大きな実を結ぶことになる。その意味で、「ウィンドウズ」は僕の夢でもあった。だからこそ、僕は「ウィンドウズ」を愛さずにはいられない。これは、僕の痛切な思いなのだ。

第10章

訣別

ビル・ゲイツと過ごした「かけがえのない時間」

ビル・ゲイツとの出会いで、僕の人生は変わった。

大学受験に失敗したコンピュータ・マニアだった僕の前に、世界が一気に開けた。僕は、その世界に飛び込んで、全速力で走り続けた。多くの人々が力を貸してくれて、次々と大きな仕事を手掛けることができた。すべての仕事が成功したわけではないが、「失敗」や「屈辱」も僕の充実感を損なうものではなかった。ただただ、僕は無我夢中だった。

そして、僕にとってビルの存在はとても大きいものだった。

彼と僕は、たくさんの刺激とインスピレーションを、お互いに与え合うことができたと思う。彼は非常に常識的で頭がよく、たいへん面白い人間だった。マスコミで「二卵性双生児」と書かれたこともあった。僕たちには、特別に引き合うものがあった。言葉では説明しきれない、磁力のようなものが働いていたように思う。

彼とは膨大な時間を一緒に過ごしたが、そのほとんどは仕事だった。ただ、一度、ビルと僕と僕たちの友だちと、ヨットを借りてカリブ海をクルーズしたことがある。たしか、1週間くらいだったと思う。

ビルと友だちはそれぞれのガールフレンドを、僕は妻を連れて行った。飛行機でトルトラというカリブ海の小島まで行って、そこからヨットを一台チャーターした。そして、気の向くままにクルージングをして、目についた小さな島を訪ねて回った。

ちょっとした冒険だった。

小さな島に上陸すると、言葉のまったくわからない住民たちから、食事の材料や果物を買ったり、みやげ物屋を冷やかしたり、地元のレストランに入って食事をしたりして遊んだ。海の上では、みんなで魚を釣り、料理を作った。ビルも僕も、心からリラックスしていた。

僕は、アスキーを立ち上げて以降、まともに休暇を取ったことがなかったから、「なるほど、アメリカ人の休暇とはこういうものか……」とよくわかった。いま思い出しても、光り輝く真っ青なカリブ海が目に浮かぶ。僕にとって、ビルとの大切な思い出だ。

「暗雲」が徐々に立ち込める

ただ、徐々に暗雲が立ち込めているのも感づいていた。

1983年か1984年頃からだったろうか、ときどき、アスキーとマイクロソフトの利害対立の構造が垣間見れることがあった。

たとえば、マイクロソフトには、アスキーにもっと自社商品を売ってほしいという思いがあった。すでに述べたように、両者の間で結ばれていたのは「代理店契約」だったから、マイクロソフトの立場からすれば、そのようなニーズをもつのは当然のことだっただろう。

しかし、アスキーには、塚本さんが手塩にかけて育て上げてきたソフトウェア事業があった。だから、マイクロソフトのソフトを売るだけではなく、独自に開発したソフトを販売するのは当然のことだ。

しかも、彼らは時には、日本ではとても売れそうもないソフトを売ってくれと、日本市場を無視したようなことも言ってきた。僕は、そんな非常識な要求をされることに腹を立てていた。

さらに深刻な対立を生んだのが「半導体」だった。

当時、マイクロソフトは、いくつもの半導体メーカーと取引をしていた。インテルを筆頭に、モトローラ、ザイログなどの半導体メーカーである。しかし、僕は、彼らが作る半導体には改良の余地があると思っていた。

たとえば、当時の半導体メーカーが新製品を開発するときに、その仕様をオープンにするのは発売間近になってからだった。そこに、マイクロソフトのようなソフト・メーカーの要望を反映させる余地はほとんどなかった。その結果、ソフトウェア・エンジニアにとっては、使い勝手の悪いものになっていたのだ。ソフトウェアが組みにくいから非効率だったし、ユーザーにとってベストなプログラムが組みにくいという問題もあった。

それに、インテルの半導体は高かった。マイクロソフトはOSを一台50ドルで売っていたが、インテルは一台につき５００ドルで売っていた。これが50ドルにできれば、パソコンが４５０ドル安くなるということ。それは、パソコンを大衆化するためにも、いいことではないかと思っていた。

だから、僕はこう主張した。

「マイクロソフトは半導体開発事業に参入すべきだ」

何度か、会議でも提案したが、僕以外の全員が否定的だった。おそらくビル・ゲイツも含め、他のみんなは、当時の盟友・インテルと競合する半導体事業に参入するべきではないと考えていたのだろう。餅屋は餅屋、マイクロソフトはあくまでソフトがメインで、守備範囲を広げるべきではないという信念もあった。

ビルとの関係が傷ついた理由

だけど、僕は納得できなかった。

もちろん、マイクロソフトが「半導体に参入しない」という意思決定を下すのならば、ボードメンバーのひとりである僕としては、それを受け入れるほかない。

しかし、僕はアスキーの副社長であり、アスキー・マイクロソフトの社長だ。だから、僕は僕の意思で半導体事業に参入しようと決断した。そもそも、僕はマイクロソフトの「代理店」だけをやるつもりはさらさらなかったから、自分の判断で自律的に行動することに迷いはなかった。

半導体ビジネスに参入するきっかけは、MSXだった。

MSXを売り込んでいると、いろいろなメーカーから「ちょっと値段が高い」と言われた。そこで、どうしたら安くなるかと考えた。そして、方法はひとつしかなかった。安い半導体のチップをつくるしかなかったのだ。それで、僕は、いろいろな半導体メーカーに頼んで回ったなかで、ヤマハが話に乗ってくれた。

ヤマハは楽器メーカーだが、1982年に独自のパソコンを開発していた。その開発責任者で専務だった持田康典さんが協力を申し出てくれたのだ。

そして、アスキーが「こういう機能がほしい」という設計企画を立てて、ヤマハが

ＬＳＩを開発することになり、１９８４年に、「ＭＳＸ２」に搭載する「Ｖ９９３８」というＬＳＩが完成した。

これをきっかけに、僕はヤマハと共同で、ＩＢＭと互換性のあるパソコンで使えるＬＳＩの開発を進めていくことになる。ＩＢＭと互換性のあるパソコンが主流になることを見越した取り組みだったが、これがうまくいって、各社のパソコンに使われるようになり、後にアスキーの大きなビジネスへと育っていくことになる。

しかし、これがビルとの関係にヒビが入る大きな要因となった。

僕はアスキーの事業として、半導体ビジネスに参入したつもりだったが、僕はマイクロソフトのボードメンバーでもある。外から見れば、ある意味マイクロソフトが半導体ビジネスに参入しているのと同じことだ。盟友・インテルと競合関係に陥ることを恐れていたビルが、それを問題視するのも当然のことだっただろう。

彼は、再三、僕にこう警告した。

「半導体のビジネスはやめてほしい。もっとマイクロソフトの仕事をしてくれ」

しかし、僕は首を縦に振らなかった。僕には僕の「義」があったし、アスキーの事業についてビルにとやかく言われる筋合いはないと思ったからだ。

マイクロソフトとアスキーには資本関係はなかったし、僕はマイクロソフトのボードメンバーだったが、マイクロソフトから報酬を受け取っていなかった（日本で上がったマイクロソフトの利益の30％がアスキーに支払われていた）。マイクロソフトからも報酬をもらっていたら、アスキーとマイクロソフトの利害が対立したときに利益相反関係に陥ることを懸念したからだ。これは、ビルと僕の共通理解だった。

だから、僕には「NO」という権利がある、と思っていた。

しかし、それは勘違いだった。そして、日に日に二人の間には溝が深まっていったのだ。

「たいへんなお金持ちになれる。いい話だろ？」

深刻な事態へと突入したのは、1985年夏以降のことだ。

その頃、マイクロソフトは米国店頭証券市場への上場を真剣に検討し始めたのだ。そして、上場申請の条件のなかには、極東で100％子会社をもつことが明記されていた。つまり、資本関係のないアスキーに「代理権」を付与するという体制を終わらせなければ、マイクロソフトは上場できないということだ。

マイクロソフトとアスキーの契約は1986年3月で更新時期を迎えることになっていたから、それまでに、結論を見出す必要があると考えたのだろう。ビルの動きは素早かった。

ビルはすぐに、アスキーに対して交渉をもちかけてきた。最初の提案は、アスキーのソフト部門を買収したい、ということだった。僕たちの答えは、もちろん「NO」。僕は「そんな話には応じられない」と突っぱねた。

すると、次にビルは合弁会社をつくろうと持ちかけてきた。これに対して、僕たちは、出資比率を「50対50」にするならば、それもいいと返事した。ところが、今度はビルが首を横に振った。「51対49」の出資比率で、マイクロソフトが主導権を握るのでなければ「NOだ」と。

そして、合併の選択肢がなくなると、ビルは、僕を引き抜こうとした。「じゃ、お前ひとりでいいから、マイクロソフトに来い」と言うのだ。ただし、アスキーの株は全部売却すること。そのお金で、マイクロソフト株を買えばいい。間もなく上場するから、たいへんな大金持ちになれる。「いい話だろ?」というわけだ。

「仲間を裏切るようなのは、息子じゃない」

これに、僕は心が揺れた。

もしも、ビルの話に乗ったら、僕はアスキーを捨てることになる。それは正しいことだろうか? それに、マイクロソフトの人間になれば、僕はこれまでのように自律的に仕事をすることはできなくなるだろう。情熱を傾けていた半導体事業からも手を引かなければならない……。

しかし、ビルの提案は、たしかに魅力的だった。金銭的にもそうだが、何よりもビルとのパートナーシップを継続することができることが大きかった。それに、僕には、マイクロソフトでやりたいことがたくさんあったし、コンピュータの本場であるアメリカで大暴れしたいという思いもあった。僕はビルに、「わかった。そうするよ」と返事をした。

そして、僕は帰国すると、両親に報告しに行った。最初に話したのは父親だった。「お父さん、僕、アメリカの会社に行くよ」「そうか」「アメリカに住むよ」「そうか」……。父親はそれしか言わなかった。息子の判断を尊重してくれた、ということなのだと受け取った。

しかし、母親は厳しかった。

「お母さん、僕、マイクロソフトの人間になってシアトルに住むよ」

「一緒に仕事をしている郡司さんとか塚本さんはどうするの？」

一番聞かれたくないことだった。黙っていると、母親はこう言った。

「お前ね、一緒に仕事を始めた二人を裏切って、お前がアメリカに行くんだったら、そういう仲間を裏切るようなのは、情けない、私の息子じゃない」

そこまで言わなくてもいいじゃないかと思いながら、じっと黙っていた。すると、「まぁ、行ったらいい。そのかわりパスポートも、アメリカ人になって行ったらどう?」と言われた。

「えっ」と思った。それは考えたことがなかった。確かに、アメリカ人になりきるくらいの覚悟が必要だとは思っていたが、日本の国籍を捨ててアメリカ人になるのは嫌だと思った。

いや、それ以上に、母親が言外に、「日本人であることを捨てる息子は、もう息子だとは思わない」と言っていることにショックを受けたのだ。平手打ちを食らったような気持ちだった。

ビル・ゲイツと大喧嘩をした

それで、考え直した。

アスキーを創業したとき、郡司さん、塚本さんと「死ぬときは3人一緒だ」と語り合ったことも思い出した。二人には、マイクロソフトとの困難な交渉にも全面的に協力してもらっていた。母親に指摘されて、そんな二人を裏切るわけにはいかないという気持ちになった。

それに、僕はビルをビジネス・パートナーだと思ってきた。しかし、彼の誘いに乗れば、それは彼の「軍門」に降《くだ》ることに等しい。それは、僕が求めていることではなかった。やはり、アスキーの一員として打開策を見出すべきだ、と考え直したのだ。


そして、僕はシアトルに飛んで、ビルに「やはり断る」と伝えた。

彼は、驚いたような表情を浮かべた。そこには、苛立ちが含まれていたように思う。「一度OKを出したことをひっくり返すのか?」と思ったのではないだろうか。しかし、彼は表情を緩めてこう言った。

「考え直せ」

僕は努めて冷静にこう言った。

「人間の心はお金では買えないよ」

すると、ビルが怒った。

「ユー・アー・クレイジー!」

あとのことはよく覚えていない。

僕は、それまでに積もりに積もった思いをぶちまけていた。彼も、僕に対して思うことが山ほどあったのだろう。気がついたら、ビルと大喧嘩をしていた。大切なものがガラガラと崩れていくような感覚を覚えていた。1985年も終わりかけていた頃のことだった。

目の前が真っ暗だった

そして、1986年1月2日――。

僕はビル・ゲイツの執務室に呼ばれた。

部屋に入ると、ビルは冷たくこう言い放った。

「マイクロソフトとアスキーの契約はもう更新しない。君もやめてくれ」

それは、決定事項の通知だった。〝That's all〟。日本語で言えば「話は、以上」ということだ。僕は、「わかった」とだけ言って即座に部屋を出た。そして、自分のデスクにも、自宅にも立ち寄らず、そのままタクシーを拾ってシアトル空港へ直行して、日本行きの飛行機に乗った。自宅に置いてあった家財道具は、帰国後、知人に頼んで処分してもらった。

ショックだった。目の前が真っ暗だった。人前では平静を装おうとしていたが、内心はもう大変だった。これから何をどうすればいいのか……何もわからなかった。茫然自失。仕事があるときは気が紛れたが、ひとりになると落ち込んだ。

しかも、それだけでは終わらなかった。

マイクロソフトは、1986年2月17日に100%子会社であるマイクロソフト株式会社を設立。その社長に、僕が右腕だと信じ切っていた古川享さん（当時、アスキー取締役ソフト開発部長）が就任したのだ。

古川さんは、アスキーを設立した直後に、「今ならアスキーの取締役になれるけど、あと2年もしたら大会社になっているから、そうはいかないよ」と僕が口説き落とした人物。彼が8番目の社員だった。まだ青山のマンションの一室が唯一のオフィスだった頃のことだ。

さまざまなメーカーとパソコンを作っていた頃、僕は彼と一緒に行動することが多かった。僕が「つくるべきパソコン」のビジョンを語り、彼が技術的な部分をカバーしてくれた。この本で紹介してきた仕事も、彼がいなければ成立しなかっただろう。僕は、彼を信じ切っていたのだ。

しかも、古川さんの部下総勢16人がマイクロソフトに移った。全員が、かつてアスキー・マイクロソフトで一緒に働いた「仲間」だった。その「仲間」が、揃いも揃ってビルのもとへと去っていったのだ。株式のオプションを貰って、今では皆大金持ちだそうだ。

自分が丸ごと「否定」された気がした

僕は裏切られたと思った。

逆上するほどの怒りを覚えた。ここまでのことをしたビルに対して、僕を裏切った古川に対して……。僕は公然と彼らを非難した。でも、本当は深く傷ついていたのだ。すごく悲しかったのだ。

マイクロソフトでの仕事に情熱を燃やした8年間の僕の過去が、そっくり否定されたような気がした。過去が否定されることによって、自分という人間が丸ごと否定された気がした。このとき、30歳になったばかりだった僕にとって、それは耐えがたいほどの苦しみだった。何度も死にたいと思った。

その後、ビルとは約5年間絶交状態が続いた。

実は、一度ニアミスしたことがある。1986年4月2日に、東京丸の内で行われたマイクロソフトとアスキーの提携解消を発表する合同記者会見だ。登壇したのは、郡司さんとビルだった。記者から「なぜ、西がいないのか?」と質問があり、会場は一時紛糾したが、あのとき、僕は隣の部屋にいたのだ。

だけど、郡司さんが、「お前は出るな。ビルにも会うな。お前はビルを殴りかねない」と言ったからだ。郡司さんは正しかった。いま思い出しても、もしも、あのときビルと顔を合わせたら、殴っていたかもしれないと思う。それくらい、僕は平静ではいられなかったのだ。

過去に「執着」するから人は苦しむ

あのとき、なぜこんなに苦しいのだろうと思った。

そして、自分が過去に強く執着していることに気づいた。自分はそういうタイプではないと思っていたから、少々驚いた。でも、

「もう終わったことなんだ」

「もう取り返しのつかないことなんだ」

と自分にいくら言いかせても、過去に執着してしまう自分がいた。

「もしも、あのときこうしていたら……」

「あいつが、あんなことをしなければ……」

などと考えてしまう。だから、苦しいのだと思った。

人は誰でも過去に執着しながら生きているのだと思う。

でも、どんなに認めがたいことであっても、起きてしまった過去を素直に受け入れ、

執着を断ち切り、自分の改めるべきことを反省することで、過去を乗り越えていくしかないのだ、と思った。そうした局面での生き方、考え方の潔さについて考えさせられた。とはいえ、あのときの僕には、それはものすごく難しいことだった。

実際、僕は、あのときのビル・ゲイツとのやりとりを何度も何度も思い出した。もしも、「考え直せ」と言われた時に、「イエス」と返事していたら、どうなっていただろう、と。そして、アメリカで上場し、時の人となり、大資産家になったビルと、日本にいる自分を比べては苦しみ続けた。10年以上も苦しみ続けた。

その後、アスキーが上場しても、会社に100億円の預金ができてもダメで、自分の持ち株が300億円以上になってもダメだった。もちろん投資をしていた半導体メーカー・ネクスジェンが上場して、投資が大成功してもダメだった。

マイクロソフトとの傷が完全に癒えたのは、ネクスジェンがAMDと合併して、インテルに対抗できる半導体会社になれるということがはっきりした時だった。これでようやく、自分はマイクロソフトに馬鹿にされない半導体メーカーを作ることができたという満足感が、自分の心を癒してくれたのだ。気が付いたら10年以上の年月が流れていた。

僕は「社内政治」でひねり潰された

もうひとつ、書いておかなければならないことがある。

これも、僕をひどく苦しめた出来事だった。

マイクロソフトにいたある人物が僕を追い落とそうと、あることないことをビルの耳に吹き込んで、ビルが僕やアスキーに不信感をもつように仕向けていたということを教えてくれた人がいた。言われてみれば、思い当たる節はいくつもあった。

つまり、〝お子様〟で〝甘ちゃん〟の僕は、マイクロソフトの社内政治の中で、いとも簡単にひねり潰されてしまったということだ。そのことが悔しくて、情けなくてならなかった。そして、僕を陥れた人物に対する憎しみが薄れるのには、ものすごく長い時間がかかった。今でも、思い出すと悲しい気持ちになる。

こうして、僕の20代は終わった。
そして、苦しみを抱えながら、30代を生き始めなければならなかった。

第11章

瓦解

「元気」とは、「元々」もっている「気」のことだ

これが、マイクロソフトとの訣別が決まった時に、僕が置かれていた状況だった。

四面楚歌《しめんそか》――。

世間では、裏事情を詮索《せんさく》するようなマスコミ情報が飛び交い、僕は興味本位な視線に晒《さら》されることになった。しかも、アスキー社内でも、事態をここまで悪化させたのは僕の責任だという声が強かった。

そんななか、僕を守ってくれたのは、郡司さんと塚本さんだった。二人とも、マイクロソフトとの厳しい交渉でヘトヘトに疲れていたはずだが、僕の肩を叩いて「しゃあないなあ」と笑顔を見せてくれた。それがすごく嬉しかった。あのときは、本心から「創業の同志とはありがたいものだ」と感謝していた。

そして、彼らが僕に用意してくれた職場が、アスキーの資料室だった。

マイクロソフトとの契約が切れて、半導体の仕事はあったが、やるべき仕事が大幅

に減ったからだ。はっきり言って「窓際」だ。いわば「窓際」副社長だったわけだ。実際に、僕は資料室の自分のデスクを窓際に移動させた。

もちろん、これは郡司さんと塚本さんの心遣いだったのだと思う。深いダメージを受けてヘロヘロになっていた僕に、「まずはゆっくり休め」というサインを送ってくれたのだろう。

実際、あの頃は、毎日が本当に辛かった。

心がぽっきり折れたような状態だった。

あまり覚えてないが、毎日泣いていたような気がする。毎朝、目が覚めたら、マイクロソフトのことを考えていて、しばらくしてから、「あ、そうだ。もう違うんだ……」と気づく。そんな感じだった。そして、「もうパソコンは作れないんだ……」と思うとガックリときた。「マイクロソフトの人間じゃないんだ」ということを腹の底から受け入れられるようになるまで、やっぱり時間がかかった。

でも、毎日会社に行って、資料室で穏やかな気持ちで仕事をして、定時で家に帰って早く寝るという生活を送っていると、だんだん元気になっていった。「寝る」ってすごい、と思った。寝るのが回復の原点かもしれん、と思った。

こんなことも考えた。

「元気」は「元の気」と書く。つまり、元気とは、その人が「元々」もっている「気」のことを言うんじゃないか、と。疲れていたら元気が出ないし、クヨクヨしているときは元気が止まっているかもしれないけど、人間ってもともと元気な生き物じゃないかと思ったのだ。

そして、元気がないときに、無理やり元気を出そうとしても難しい。落ち込んでしまったときは、無駄な抵抗をせずに「寝る」のが一番。それこそが、元々もっている気を取り戻す方法なんじゃないか。これは、今もそう思う。

失われた「20億円」をどう埋め合わせるか?

そんなわけで、だんだん元気が戻ってきた。

「どん底」まで落ちたんだから、後は這い上がるしかない、と自然に思えるようになった。

資料室の仕事も楽しかった。もともとあった資料室は、図書コーナーみたいな感じだったが、それを、世界で起きていることを調べるための「情報センター」みたいにしようと思った。

そこで、新聞の切り抜きをデータベース化して、キーワードを入れたら関連記事がパソコン画面にポンッと出てくるようにしたりした。それを「アスキー・ライブラリー」と名付けて、どんどん改良を加えていった。今じゃ当たり前だけど、当時、そんなシステムのある会社はなかったと思う。

もちろん、資料室の仕事ばっかりしているわけにはいかなかった。

副社長だから経営会議にも出なければならないし、郡司さんや塚本さんとも、「マイクロソフトの仕事がなくなって、これからどうするべきか?」という議論をよくしたものだ。

当時、アスキーは急激に売上を伸ばしていた。1982年には『月刊アスキー』は

10万部を突破し、広告量も飛躍的に増えていた。そのほかにも、雑誌や単行本、それにゲームやビジネスのソフトでもヒットが続いた。1981年に8億4000万円だった売上は、マイクロソフトとの提携関係が解消された1986年3月期には138億円にまで伸びていた。

そのうち、マイクロソフト関連の売上は約20億円だった。これが、いきなり「ゼロ」になるのだ。しかも、マイクロソフトとの提携が終わったことで、世間や銀行筋からは「アスキーは大丈夫なのか?」という目で見られていた。だから、その年度の売上は、最低でも、穴が空いた20億円を埋めて、前年度と同水準にもっていかなければならない。これが、僕たちの至上命題だった。

「自尊心」の回復こそが最大の課題だった

どうするか?

僕はひとり考えた。

答えは「半導体」だった。前に述べたように、僕はすでに半導体ビジネスに乗り出し、成果を上げ始めていた。ヤマハと共同で開発したLSIは、最初こそ苦戦したもののの急速に売上を上げていた。それに、アメリカの半導体メーカーの代理店としての売上も増えていた。

何よりも大きかったのが、1985年9月に出資をしたチップス・アンド・テクノロジーという半導体ベンチャーへの投資だった。この会社はいきなり急成長を遂げ、なんと1986年10月にはナスダックで上場する見通しだった。実際、その後、100万ドルほどの投資額は約30倍に増えたのだ。僕の前には、半導体ビジネスの可能性が大きく開けつつあった。

ただ、それだけがモチベーションではなかった。

僕の心の根底にあったのは、マイクロソフトとの屈辱的な訣別だった。僕は、あの一件で、自尊心を決定的に傷つけられていた。その傷ついた自尊心を回復することが、僕の最大の課題だったのだ。

そして、そのためには、ビル・ゲイツに匹敵するような仕事をするほかないと思っていた。それが半導体だった。ビル・ゲイツはインテルを尊敬しているのだから、インテルを超えるようなものを作りたい。それを自分の手で生み出すことができれば、ビルと対等かそれ以上の立場に立てる。そうすることが、傷ついた自尊心を回復する唯一の方法だと思い込んでいた。

つまり、あのときの僕は、過去に深く深く執着し続けていたということだ。しかし、それが僕のエネルギー源でもあったのだ。

「君が社長になって、何か考えろ」

僕は、すぐに動いた。

資料室の仕事をしながら、アメリカでスーパーコンピュータの専門家をスカウトして、1986年7月にネクスジェン社という設立間もないベンチャー企業に参画。もちろん、狙いはインテルよりも処理スピードの速い半導体を開発することだった。最初の投資はわずか20万ドル。チップス・アンド・テクノロジーの5分の1ほどの金額だった。

さらに、同年12月には、アスキーと三井物産の共同出資で、世界的に有名な半導体開発者である嶋正利博士を担いで、半導体開発会社であるVMテクノロジー社を設立した（製造は富士通が引き受けてくれた）。

嶋さんは、序章で書いた世界初のマイクロ・プロセッサーであるインテル「4004」のほか、8ビット・マシンの標準チップとなったインテル「8080」にも深くかかわった伝説的な人物だった。その嶋さんをリーダーに据えて、インテルを超える半導体の開発をめざしたのだ。

こうして、僕は半導体ビジネスにのめり込んでいったのだが、ちょうどその頃、郡司さんにこう言われた。

「君が、アスキーの社長になって、何か考えろ。君のことだから、きっと何か新しいことを見つけるだろう。見つけられなかったら潰れるだろうけど、潰れるんだったら潰れたらいい。どうせ、この会社をつくったのは俺たちなんだから」

僕は、もともと会社の経営には関心がなかった。

もちろん、副社長だったから、経営の一部はやっていたのかもしれないが、経営には自信もなかったし、面白そうにも見えなかった。僕は、自分のことを「職人」だと思っていた。パソコンをつくる「職人」だ。人間は、自分が得意なことをやるのが一番いいし、僕が経営者になっても、東大出身の賢い連中に勝てるわけがないと思っていた。僕が勝てるのはパソコンの設計であって、経営はほかの人にやってもらうのが正解だと考えていたのだ。

そして、それは多分正しかった。

マイクロソフトはビルが経営し、アスキーは郡司さんが経営してくれていた。彼らがしっかりマネジメントをしてくれていたからこそ、僕は自分の力を思う存分に発揮することができたのだ。今は、それを素直に認めることができる。

ビル・ゲイツに対抗するために、僕は「社長」になった

だが、このときの僕は、そんなことはわからない。

そして、郡司さんのオファーに、すぐにOKを出した。

なぜか？　その真の動機は、やはりビルに対抗したかったからだ。ビル・ゲイツは創業したマイクロソフトを上場させて、世界から称賛され、巨万の富を得た。盟友であり親友だと思っていたからこそ、彼と自分の落差を受け入れることはできなかった。傷ついた自尊心を回復するためには、自分の力で会社を上場させ、マイクロソフトが尊敬するような会社に育て上げるしかない。そう思い込んでいた。


今の僕ならば、あの時の僕に「やめとけ」と全力で言って止めるだろう。

経営というものは、経験がものすごく大事だ。その証拠に、社長を育てる大学も専門学校もない。そんなの無理だ。誰もが、失敗しながら、試行錯誤しながら、社長になっていくしかないのだ。ところが、当時の僕は、「経営」見習いすらやったことのない、ただの31歳の若造だった。「バランスシート」という言葉すらちゃんと知らなかったのだ。

それに、パソコン市場が急速に拡大する「追い風」が吹いているなか、僕は、アスキー創業以来、イケイケドンドンの仕事をして成功してきた。しかも、当時はバブル前夜。経営の素人が社長をやるのは、あまりにも危険な時代状況だったというほかないだろう。しかし、これは、ビジネスの「地獄」を生き延びた今だから言えること。後知恵にすぎない。当時の僕は、決死の覚悟で社長としてアスキーを生き返らせよう、そして成長させようと思っていたのだ。

慎重派VS積極派

1987年4月、僕は郡司さんの後任としてアスキーの社長に就任した。郡司さんが会長、塚本さんが副社長という布陣だった。

僕が社長になって真っ先に目指したのは、もちろん上場だった。証券会社に聞くと、売上が300億円いけば店頭公開できるんじゃないか、と言われた。そこで、僕は売上至上主義で積極的な拡大路線を取った。

いきなり積極策に打って出たのは、1987年3月期の売上数字の影響もあったかもしれない。
この年度は、マイクロソフト関連の売上20億円の「穴」を埋めることが至上命題だったが、最終的には前期比21億円増の159億円に到達したのだ。つまり、20億円の「穴」を埋めるどころか、21億円も〝上振れ〟したわけだ。そして、これを支えたのが、僕が主導していた半導体事業だった。だから「俺ならできる」と自信をもつのも仕方なかったのかもしれない。

僕は、社長就任にあたって、アスキーの柱は、ソフトウェア、通信、半導体、出版の四つに整理した。ソフト、通信、半導体がベースで、それらのアナウンス機能として出版を位置付けた。

これには、郡司さんも同意してくれた。しかし、その進め方については、当初から対立含みだった。というのは、郡司さんは、一つずつステップを踏んで企業規模を拡大していくべきだと考えていたからだ。

その最大の理由は、アスキーが若い企業であることだった。ある程度年数を経た成熟した企業であれば、マネジメント層も分厚く存在するが、創業10年のアスキーではまだマネジメント層が十分に育っていない。人材は集められても、組織は一朝一夕にはできない。だから、慎重に進めていくべきだと主張されたのだ。

まったく妥当な判断だと思うが、当時の僕は、一気に拡大して、大きくジャンプしようと思った。どんどん社員を採用して、どんどんプロダクトを生み出して、一気に売上を引き上げようと考えたのだ。そして、郡司さんの心配を振り切って、それを実行していく。

「利益がないやんか、アホ」

しかし、いきなり僕は躓《つまず》く。

どんどん社員を採用して、どんどんプロダクトを生み出して、どんどん広告宣伝費を投入することで、運転資金が急増し、新年度がスタートして3ヶ月もすると資金が底をついてしまったのだ。会社にお金が一円もなくなっちゃったのだ。

そこで、僕は、発行株数を増やし第三者割当をして、株主を増やすことにした。銀行や証券会社のほかに、それまでお世話になっていた電機メーカーを回って、アスキーの株主になってほしいとお願いしたのだ。
NEC、日立製作所、富士通、松下電器産業、京セラといった大手の電機メーカーが株主になってくださった。みなさん、「日本のソフトメーカーとして、もっともっといい仕事をしなさい」と応援してくださったのだ。この時に調達できたのは42億円だった。本当にありがたかった。

そして、この資金をもとに事業を立て直した結果、1988年3月期の売上高は340億円にまで伸びた。僕が社長になった時の売上が159億円だったから、倍以上に伸びた。しかも、店頭公開基準の売上300億円を超える結果を叩き出すことができたのだ。

すべての事業が結果を出してくれたが、なかでも、当時の常務であった浜田義史さんががんばってくれて、アメリカの任天堂向けのジョイスティック（ゲームのコントローラー）が20万本くらい売れたことが大きかった。ありがたかった。僕は、幸か不幸か、ツイていたのだ。

ただし、僕の父親は冷淡だった。

父親は元銀行員で、実家が経営する須磨学園の財務管理をしているプロフェッショナルだったが、僕が渡したアスキーの財務諸表をしばらく眺めると、こう吐き捨てた。

「お前なぁ、売ってばっかりで会社大きくなってるけど、利益がないやんか。アホちゃうか」

一瞬ドキッとした。売上高を急拡大させたアスキーをもてはやすようなマスコミは多かったが、分かる人には分かっていたのだ。父親の忠告に耳を傾けなかった自分が情けない。

〝見栄っ張り〟の独り相撲

もちろん、僕はすぐに店頭公開に向けて動き出した。

そして、アスキーが上場したのは、1989年9月21日だった。

アスキー株は大人気だった。約14倍の入札倍率。売出価格は4114円だったが、発売初日の終値は5520円まで伸びた。創業メンバーの三人はそれぞれ発行株式の

11・3％を持っていたから、この時点で、評価額はひとり30億円を超えた。

当時、僕は33歳。日本史上最年少の上場企業の社長となった（この記録は、堀江貴文さんがのちに更新することになる）。その年、アスキーは日経ベンチャー誌が選ぶベンチャー・オブ・ザ・イヤーの第一位（ハイテク型ベンチャーランキング）に選ばれ、「ウォール・ストリート・ジャーナル」は、創刊100周年を記念して組んだ特集「ライジング・スターズ」で僕を取り上げた。


上場は、あの頃の僕の一番の夢だった。

その夢を叶えたことに達成感を感じることはできた。

これで、マイクロソフトとちゃんと話ができるな、とも思った。

しかし、あまり嬉しくなかった。だって、ビルは当時すでに資産何千億円、こっちは資産30億円。数字が二桁違うのだ。まだまだ足りない、と思った。だから、まずは自分も株式で1000億円を目指そう。会社をもっともっと大きくしなきゃダメだ、と。こうして、果てしない〝見栄っ張り〟の独り相撲が始まったのだ。

上場後、僕はさらに加速した。

「暴走するワンマン社長」と揶揄《やゆ》する記事が出始めるのも時間の問題だった。

僕は、パソコン、ゲーム、出版、半導体以外に、インターネット、映画の制作配給と次々に事業を拡大していった。

投資活動も急拡大した。チップス・アンド・テクノロジーへの投資が成功したことに味をしめた僕は、シリコンバレーの企業への投資を次々と手掛けていった。

その資金を調達するために、銀行に勧められるままに、スイスフラン建ての転換社債を出した。調達金額は160億円。これを元手に、僕はさらに投資にのめり込んでいくことになる。

命がけの「巨額投資」

そのひとつが、工業団地の購入だった。

宮城県の築館《つきだて》にあった工業団地を丸ごと買って、そこにアスキーのプログラム開発部門を移転し、他の関連企業も誘致しようと考えた。団地内に滑走路を作って飛行機が発着できるようにして、そこで働く人たちが住める「街」もつくり上げるという計画だった。

念頭にあったのは、イタリアのオリベッティだ。オリベッティは街そのものをデザインしていた。それと同じように、自分の手で、理想的な「職住が一体化した街」をデザインして、世界に誇る「ソフトウェア都市」を生み出そうと考えたわけだ。僕はアスキーをオリベッティのような会社にしたかったのだ。

しかし、これには、郡司さんが猛烈に反対した。東京から遠すぎる、というのが一番の理由だった。そもそもソフト会社が、なぜ都市開発をするのか理解できないとも言われた。僕も一生懸命説得したが、彼は絶対に首を縦に振らなかった。結局、僕が折れて、この計画は流れた。

もうひとつが、ネクスジェンへの投資だった。

すでに述べたように、僕は、1986年7月にこの会社に出資・参画していた。しかし、半導体の開発は難航を極めた。その結果、追加投資がどんどん重なっていった。ネクスジェンが最も資金を必要としている時期には、毎月1億円を送金していた。僕の独断で、だ。その原資は、転換社債で調達した資金ではあったが、アスキーの毎月の利益を、すべてネクスジェンに送金しているのに等しい状況だった。

これに、塚本さんが猛反発した。郡司さんも同調した。他にも「もうやめたほうがいい」という人はたくさんいたが、それでも僕は送金を続けた。

なぜなら、ネクスジェンは、インテルを超える半導体に肉薄しつつあったからだ。ただし、すでに膨大な資金を投入していたため、これがもしも失敗に終わったら、死ななければならないだろうと思っていた。それだけに、僕も譲れなかった。どうしてもやり遂げなければならなかった。そして、郡司さんと塚本さんとの溝は、どんどん深まっていった。

僕は「社長解任動議」を突きつけられた

僕たちは、頻繁に衝突するようになっていた。

その間に入ってくださったのが、元松下電器副社長で、当時、アスキー顧問をお願いしていた城阪俊吉さんだった。

僕たち三人を呼んで、「仲違いしてどうする？」「力を合わせんとあかんやろ」と何度も取りなしてくださった。もちろん、城阪さんは僕を叱った。「お前が悪い。入ってきたお金みんな使いよったらあかんやろ。少しは残しとけよ」と。

そして、1991年4月に「三役会」というものを設けることが決まった。1億円以上の投資案件については、三人で話し合って合意した案件についてのみ実施に移すという約束だった。

しかし、僕はこれを無視して、ネクスジェンへの投資を続けた。これに、郡司さんと塚本さんは激怒したが、僕は「三人で話し合うけれど、最終的な判断は社長である僕がする」と突っぱねた。おそらく、これで二人は僕を見限ったのだ。

ある晩、役員の一人が僕に電話をしてきてくれた。

「明日の役員会で、郡司さんと塚本さんが、社長の解任動議を出します。二人に動議に賛成するよう説得されました」

さすがに驚いた。

だけど、慌てはしなかった。僅差で勝てるだろうと思ったが、負けたら負けたで、なるようになるだろうと思っていた。ただ、自分の考えだけは役員たちにきちんと伝えようと思っていた。

そして、翌日――。

役員会はいつもどおり始まった。粛々と議題をこなし、最後の案件が終わった。「はい」と二人が手を挙げて、「動議があります」と言った。議長である僕は、「はい、どうぞ」と返した。二人が解任動議の理由をひととおり述べると、僕は、それを受けて自説を述べた。そして採決に移った。

勝負は一瞬でついた。解任動議に賛成したのは、郡司さんと塚本さんだけだった。2対10で動議は否決されたのだ。僕は、ホッとした。二人は一瞬、唖然とした表情を浮かべたように見えたが、すぐに席を立つと部屋を出ていった。そして、二日後に辞表が提出された。こうして、創業チームはもろくも瓦解した。1991年7月のことだった。

その翌日、僕は、創業者二人の退社の事情を説明する記者会見を行った。相場が開いている間は開けないから、午後3時から始めることになった。僕は、その日の始発の新幹線で京都に行った。いつも相談に乗っていただいていた、大徳寺の立花大亀老師に、朝10時から1時間を取ってもらったのだ。事情を聞いた老師は、「記者会見では『懺悔あるのみ』と言いなさい。それ以上は何も言わないこと」とおっしゃった。東京に飛んで帰った僕は、老師の言うとおりに話した。

僕は「金」のために生きていた

僕は勝ったなどとは思っていなかった。

それどころか、僕はものすごい孤独を感じていた。

そして、虚しさを感じていた。1987年から1991年までのアスキーは、僕が社長になって、いろんなところからお金を引っ張ってきて、それまで以上に激しくドンドン攻めたわけだ。株式を売りに出すと多額の金が調達できた。まるで、「株券というお札発行権」を手に入れたように錯覚もした。

世間からは、もうめちゃくちゃ元気な、情報産業のスターのアスキーだったはずだ。しかし、それは、僕が自尊心を回復するために、ビル・ゲイツに対抗するために、〝見栄っ張り〟の独り相撲をしていただけのこと。幻影だったのだ。しかも、その相撲に勝ち目は100%なかった。

マイクロソフトが株を公開してビル・ゲイツが何百億円もの資産家になったとき、僕はゼロだった。なんでや、と。

アスキーが株式を公開して僕の資産も100億とか200億とかになったけど、そのときにはビル・ゲイツは数千億円の資産家になっていた。なんでや、と。

そんなふうに比べては落ち込むだけだった。

この頃、僕は金のために生きていた。

金儲けのためにあらゆることをやった。株もやったし、土地もやったし、絵もやったし、ゴルフ会員権もやったし、車も買ったし、ヘリコプターも買った。なんでもやった。派手なことをずいぶんした。僕はバブルの申し子だった。

だけど、いくらお金を稼いでも、どんなに遊んでも、全然幸せじゃなかった。幸せな気分になれなかった。

すべては〝逆回転〟を始めた

そして、やがてすべては〝逆回転〟を始める。

僕同様に創業者である郡司さんと塚本さんは、かなりたくさんのアスキー株を持っていた。二人はその株をまず、CSKの大川功さんに売りにいったようだ。まとめて買い取ってもらおうと思ったのだろう。

しかし、大川さんは買わなかった。「高いな。半額やったら買うたる」と断わられたそうだ。後で大川さんが電話で教えてくれた。

そこで彼らは、自分たちの保有株を市場で売り始めた。株が大量に市場に放出されたことで、アスキーの株価はどんどん下がり、最終的には7分の1くらいまで下落した。7000円が1000円になったわけだ。

当時の僕は、防衛策など知らなかったから、株価がどんどん下がっていくのを、指をくわえて眺めていた。仕返しをされているという自覚はあったが、「俺は、この会社をゼロから作ってきたんだ。株価がどんなに下がっても、もう一回やったるわ」と、そんなことを思っていた。

しかし、バブルの崩壊は間近に迫っていた。

地獄の入り口はすぐそこだった。

第12章

暴落

「転換社債」が火を吹いて、僕は追い詰められた

株価の暴落は新たな問題を突きつけた。

スイスフラン建ての転換社債の繰上げ償還が早めに来ることになったのだ。

転換社債の仕組みを簡単に説明しておこう。まず、発行会社が社債を発行して資金を調達する。その資金を元手に行った事業が成功すれば、株価が上がる。そこで、社債購入者は、社債を株式に転換することで利益を得る。そういう仕組みだ。

つまり、無事に株価が上昇すれば、全員がハッピーになれるのだが、株価が下がれば誰も株式に転換しない。そして、償還期限がくれば、発行会社は調達した資金を耳を揃えて返さなければならないというわけだ。

ところが、僕は転換社債で調達した資金を、ネクスジェンをはじめとする企業に長期投資をしていた。しかも、社債購入者が株式に転換した分だけを投資に回して、それ以外の資金は手元に置いておけばよかったのだが、僕は、調達した資金のすべてを

使ってしまっていた。あぁ、バカだな、バカだな……。

さらに、本来であれば、お金を借りるには担保がいるはずだが、この転換社債は無担保だった。担保があれば、それを差し出せばいいのだが、担保がないということは、お金を用意するしかないということ。そして、会社のお金は、すでにほとんどスッカラカンだった。

やむなく、僕は、1992年6月に、新たにスイスフラン建てで60億円の起債をすることにしていたが、市場環境の悪化で中止をせざるを得なくなった。これで追い詰められた。お金を返せなかったら、会社はただちに清算モードに突入し、資産の切り売りをしなければならない。

残された手段は、「借り換え」しかなかった。償還期限とされた1993年春までに、120億円の償還資金を銀行から融資してもらう以外に、この難局を乗り切る方法はなくなったのだ。

なんとかしなければ……。

僕は焦っていた。しかし、噂が広がるのは早い。1992年のはじめくらいから、「アスキーは金がないぞ」とか、「転換社債を返せないぞ」とか、「今に吹っ飛ぶぞ」とか、そういう噂が、業界内でちらほら言われ出していた。そして、6月1日に火が吹いた。僕は一発で吹っ飛んだ。

トイレの窓から飛び降りて「死のう」と思った

1992年6月1日、日経金融新聞は4段ぶちぬきで「アスキー　債務急増」という記事をデカデカと掲載した。

アスキーの債務が急増している。九二年三月期決算によると、有利子負債残高が一四億円を越えた一方、子会社などの借り入れに対する債務保証が七六億円ほど拡大。この結果、債務保証を含めた債務は総額で四〇〇億円を突破し、年商（前期三四五億円）を大きく上回った。

来年三月にはスイスフラン建て転換社債（CB）を償還するのに伴い、一〇〇億円以上の資金手当てが必要になり、今期の債務はさらに拡大する見通し。資金繰りの悪化で、パソコン雑誌などで急成長してきた同社の拡大路線にも急ブレーキがかかりそうだ。

この記事のインパクトはすさまじかった。

それまでお金を貸してくれていた銀行が、その日のうちにワーッとお金を引き上げていった。80億円の預金があったのが一瞬にして40億円になり、次の瞬間にゼロになった。ものすごかった。株価はどーんと落ち込むし……辛かった。

その間も、会社では毎日毎日どんどんお金が出ていく。

日銭が必要だけど、その金すらもない。どうしようもないから、自分の財産を売っ払って、全部会社に寄付した。50億円くらいつくったんと違うかな。株も売ったし、絵も売ったし、売れるものは全部売っ払った。それでなんとか資金繰りしようとしたけど、全部はやっぱり無理だった。「絶望」という言葉の意味を知った。

そんな状態だったけど、マスコミからはガンガン取材が入って、対応しなければならなかった。訊かれたくないことをいっぱい訊かれた。

ある新聞記者には、こんなことまで言われた。「アスキーを有名にしてやったのは俺たちだから、俺たちの手でアスキーの葬式を出してやる」って。「私も一緒に死んだ方がいいんでしょうか?」って訊いたら、「死のうと死ぬまいと自由だけど、死ぬんだったら死ぬ前に遺言をしっかり話してくれなきゃ困る」とか言ってた。ひどすぎる。


銀行からは責められるわ、マスコミからは責められるは、会社でも責められるわ……。針の筵《むしろ》。お先真っ暗。半分死ぬ思い。ほとんど臨死体験。いや、実は、死のうとしたことがある。

銀行員が会社にやってきて、僕を責め立てるので、「もう死のう」と思って、トイレに行った。7階だったから、トイレの窓から飛び降りて死のうと思った。ところが窓のほうが小さかった。頭は出るけど、肩から先が入らない。窓が大きかったら、僕は死んでいた。ギリギリまで行って、帰ってきたわけだ。もうええわ。死んだつもりになって、頑張ろうと思った。

1年間に181回も銀行に通った

必死だった。

来る日も来る日も銀行に行った。

数えてみたら、この1年間に181回も行っていた。「私はどうなってもいいから、アスキーを助けてもらいたい」と、体を二つに折って頭を下げまくった。バブルが崩壊して銀行もたいへんな頃だったし、一つの銀行から120億円を融資してもらうのは無理だとわかっていた。だから、複数の銀行から協調融資をしてもらおうと思っていたのだ。

だけど、それまでのアスキーの銀行との付き合い方がまずかった。僕たちは、ずっと、そのときに一番いい条件を提示した銀行から借りるというドライな付き合い方をしていた。会社の調子がいい時はそれでよかったが、窮地《きゅうち》に立たされると立場は逆転。今度は、こっちがドライな対応をされるわけだ。

銀行との交渉がうまくいかなくて悩んでいるときに、日本興業銀行（現・みずほ銀行）の木下茂樹さんが僕を訪ねてきてくれた。そして、「西さん、そろそろリストラしないと大変なことになりますよ」と言った。木下さんは、たいへん立派な方だった。僕が銀行回りしても、どうにもならないという話をすると、「それじゃダメですよ」とおっしゃった。

そして、興銀の傘下にあったコンサルタント会社を紹介されて、いろいろ教えてもらった。それまでは、僕の頭の中にあった経営計画を、ちゃんと紙に書いて銀行に提出するようになった。それから、金利の変動を考慮に入れた三つの返済シナリオをシミュレートした資料をつくって、それを示しながら銀行に借り換えのお願いをするようになった。

財界の超大物に「裸で出直せ」と一喝される

しかし、それでもなかなか話は進まなかった。

そこで、僕は、8月上旬、元松下電器副社長の城阪俊吉さんに付き添ってもらって、日本興業銀行に中山素平特別顧問を訪ねた。中山さんが、松下幸之助さんに頼まれて、松下電器の社外重役を務められていたご縁で、城阪さんにご紹介いただけることになったのだ。

中山さんは当時86歳だった。

「財界の鞍馬天狗《くらまてんぐ》」との異名をもつ超大物。というか「生きている歴史」と言うべき大きな存在だった。僕には、畏《おそ》れ多い方だった。

太平洋戦争中の1943年に、中山さんが、日本の南方占領地区だったシンガポールの興銀支店に派遣されたときのエピソードは迫力がある。

中山さんに与えられた任務は、軍が接収した工場や鉱産の調査と評価。軍は、審査のプロとして、中山さん以下25名のチームの力を活用しようとしたのだが、一円でも安く払い下げてもらおうとする民間業者が高級将校を動かして、中山さんに圧力をかけた。それに抵抗した中山さんは、「うるさい存在」と見られていたようだ。

そして、どんどん戦局は悪化。民間人は次々と日本に向けて脱出していったが、中山さんは、部下を順次帰国させるとともに、希少金属の鉱山があるビルマの山奥の調査に二名を派遣した。

調査が終わる頃を見計らって、中山さんも現地に飛んだ。しかし、1週間待っても、2週間待っても、部下は帰ってこない。3週間目にようやく帰ってきた部下とともに、空襲警報下の空港を出発。シンガポールに帰着後、二人をすぐに帰国させると、残務処理をひとりでこなした。その姿に感銘を受けた軍は、軍機に中山さんを乗せて日本に送り届けたという。


戦後にも数々の伝説を遺された。

その際たるものが、GHQとの交渉だろう。当初、GHQは、明治以来の日本の急速な重工業化を実現してきた興銀を廃止する考えだった。それを阻止すべく交渉役に任命されたのが、当時、調査部長・復興金融部長だった中山さんだった。

そして、中山さんの粘り強い交渉によって、ついに興銀を存続させることに成功。もしも、このとき興銀が廃止されていたら、「奇跡の高度成長」はなかったかもしれない。中山さんは、それほど大きな仕事をされた人物だったのだ。

初めてお目にかかるときは緊張した。

中山さんが超大物だったこともあるが、僕自身の生死がかかった真剣な出会いだったこともある。部屋に通されて、中山さんと向き合うと、余計に緊張した。背筋をピンと張って、キリッとした方だった。なんというか、「しっかりと生きた人」という感じがした。威厳に満ちていた。

最初は城阪さんが、事情を説明してくださった。それをじっと聞いていた中山さんは、城阪さんの話が終わると、こう僕を一喝《いっかつ》された。

「ちやほやされて株や土地に手を出したのは間違い。裸でやり直せ」

震え上がった。しかも、「裸でやり直せ」ということは、救済してもらえないということ。冷や汗が出た。しかし、城阪さんが取りなしてくれて、中山さんも一肌脱いでくださることになった。本当にありがたいことだった。

ソフトウェア産業を育成するという「国策」

さらに、通産省（現・経済産業省）にもお願いに行った。

取り次いでくださったのは、興銀のアスキー担当だった梶原保常務である。梶原常務が福川信次事務次官のところに行って話をしてくださったのだ。それで、情報処理振興課の林良造課長、片瀬裕文課長補佐が会ってくださった。

お二人は非常に優秀な官僚だった。日本のパソコン産業、ソフトウェア産業を育成しなければならないという熱意もお持ちだった。僕の話に熱心に耳を傾けてくださって、「日本のためにも、アスキーにもっと頑張ってもらわないといけない」とおっしゃってくださった。

よく覚えているのは、通産省にネクスジェンの社長を連れていったときのことだ。銀行に協調融資をしてもらうためには、僕が長期投資していたネクスジェンの可能性を理解してもらって、融資を回収できるという認識をもってもらう必要があった。そこで、ネクスジェンの社長に来日してもらって、林課長と片瀬課長補佐に会わせたのだ。

僕たちの話に納得してくれたお二人は、こう言ってくださった。「アスキー・イズ・ジャパンズドリーム。ニシ・イズ、ジャパンズホープ」。これは嬉しかった。そして、お二人が省内を調整して、「ソフトウェア産業を育成するために、業界のリーダーであるアスキーを守れ」ということを、国策として興銀に伝えてくださった。それを受けて、興銀が各銀行に協調融資を働きかけてくれることになったのだ。

僕は「晒し者」になるしかなかった

しかし、思わぬ事態が起きる。

8月19日に、共同通信が「キヤノンに支援要請。アスキー、銀行融資団通じ」という記事を配信したのだ。僕には寝耳に水だった。

関係筋が19日明らかにしたところによると、来年春に予定されている転換社債（CB）の多額償還をきっかけに資金難に陥っているパソコンソフトウェア関連最大手のアスキー（本社東京）は、日本興業銀行を中心とする取引銀行六行を通じてキヤノン（同）へ資本参加を軸とする救済支援を要請した。

銀行団はアスキーが１９９２年度中に必要とする資金のうち約１００億円を

融資する方針だ。キヤノンでは「要請を受け社内的な検討に入っているのは事実だが、（資本参加については）否定的な見方が社内に多い」と話している。

これが、危機的な状況を招いた。

この記事を受けて、翌日には各紙が同じ内容の記事を掲載。「アスキー倒産か？」という観測が広がり、株価が急落したのだ。その日の午後、東京証券取引所はアスキー株の取引を停止し、急遽、僕が記者会見をすることになった。

僕にも状況はよくわからなかったのだから、どうしようもなかった。「キヤノンと当社の資本提携については、そういう話はございません」というコメントを読み上げただけ。記者からの質問がいくつも飛んだが、言葉を濁す以外にできることなんてなかった。下手なことを言ったら、すべては終わりだから、それで精一杯だった。晒し者になるしかなかった。

その結果、アスキーの株価はさらに暴落。かつては2万1000円の最高値をつけたアスキーの株価は、8月末には500円台にまで落ち込んだのだ。あのときは、生きた心地がしなかった。

日本という〝刺青〟を入れていただいた

だけど、9月1日、ようやく協調融資はまとまった。興銀、富士銀行、さくら銀行など六行が、転換社債の償還資金120億円と運転資金を含む計164億円の協調融資で合意したのだ。かろうじて、僕は首の皮一枚つながったのだ。アスキーは国策によって救済されたのだ。

本当にありがたかった。

多くの方に助けていただいたおかげで、命をつなぐことができた。

そして、僕は、自分の国・日本に大きな恩を感じるようになった。「日本」という〝刺青〟を身体に入れてもらったような気持ちだった。でも、それが嬉しかった。僕は、これまで、自分の興味の赴くまま、いわば無邪気に生きてきたが、この時から、「日本国」のことを考えるようになった。

中山素平さんの影響も大きかった。

中山さんとは、それ以降、2~3ヶ月に一回、お目にかかる機会を頂戴した。まるで、中山さんが先生として教壇に立っておられて、生徒は僕だけみたいな感じだった。厳しい方だったから、よく叱られたけど、こんなに贅沢なことはなかった。こんなにありがたいことはなかった。

いろんなことを教えていただいたが、中山さんは、いつも僕に、「国のため、人のため、世のため、君は何ができるんだ?」と問いかけてくださったような気がする。金儲けだけが仕事じゃない。企業人として、産業人として、仕事をするとはどういうことなのか、その心構えを教え込もうとしてくださったように思う。僕が、どれだけ理解できたかはわからない。でも、「そっちじゃなくて、こっちだよ」と僕の生きる方向を示してくださったことが、ただただありがたかった。

「君が借金を返したら、銀行の商売はあがったりだよ」

忘れられない言葉がいくらでもある。

たとえば、協調融資がまとまって、御礼に伺った時のことだ。

「いい会社になって、ちゃんとお金を返します」と言ったら、「何を言ってるんだ君は。それじゃダメだ」とおっしゃる。「え?」ってびっくりした。すると、ニッコリ微笑みながら、「君が借金を返したら、銀行の商売はあがったりだよ。君は、いい会社になって、もっとたくさんお金を借ります、と言わなきゃならん」と言われたのだ。

なるほど、と思った。これが「バンカー」の発想なんだと思った。お金を貸して利息を取ってナンボという考え方は、単なる「金貸し」。そうではなく、有意義な事業を育てるためにお金を貸すのが「バンカー」ということなんだろう。素晴らしいことだと思う。


あるいは、こんなお叱りを受けたことがある。

「君はいつも、喜んでリスクを取って突撃するような生き方をしてきたけど、もういい歳になったんだから、そういうことはやめなさい。危ないことは避けてやったらどうだ。10回の成功は、1回の失敗で消えるよ」と。まさにそのとおり。返す言葉もなかった。

だけど、最後にオチがついた。「でも、10回の失敗は、1回の成功で取り戻せるぞ」と言って悪戯っぽく笑われてから、「だけど、それは長くは続かないよ」と諭すようにおっしゃった。


厳しかったけど、ものすごくあったたかい方でもあった。

あるとき、感謝の印にと思って、ローズクォーツというお守りの石を差し上げたことがある。そうしたら、ときどき背広のポケットからローズクォーツを取り出して、「君のくれたお守り持ってるよ」とわざわざ言ってくださるのだ。そんなことが、3回くらいあった。そうやって、細かい気遣いをしてくださる方だった。

「最高の師」に出会えた

こんなこともあった。

僕がその後、結婚したときのことだ。中山さんのところに、披露宴の招待状をもって行ったんだけど、秘書から電話がかかってきて、「あいにく、その日は都合が悪くて行けない」ということだった。

ただ、ほどなくして僕の家に、三越の商品券が届いた。まずびっくりしたのは、30万円も入っていたこと。それ以上にびっくりしたのは、商品券の送り状が、中山さんの自筆だったことだ。普通は、秘書の字で書いてあるもんだけど、ご高齢でしかももののすごくお忙しいはずなのに、わざわざご本人が書いてくださった。そういうことをされる方だった。もちろん、その自筆の送り状は、我が家の家宝になっている。

中山さんには、本当によくしていただいた。

今も、思い出すだけで、涙が自然とこぼれてくる。地べたに叩きつけられて、死にそうになっていた僕を救ってくださったうえに、厳しかったけれども、底無しに優しく、僕を導いてくださった。いや、地べたに叩きつけられたからこそ、僕は中山さんと出会うことができたのだ。まさに、地獄に仏。最高の師に出会えたのだ。

考えてみれば、僕は21歳で起業したから、サラリーマン経験がなかった。だから、上司という存在をイメージすることができなかった。でも、中山さんとお付き合いさせていただくなかで、「上司に恵まれるって、こういう感じのことなのかな？」と思うようになった。そして、いいものだな、ありがたいことだな、と思ったものだ。

中山さんは、2005年に亡くなられた。99歳での大往生だった。訃報は日経新聞の一面に出た。3人の関係者のコメントが掲載された。おひとりは中曽根康弘元首相、もうおひとりは小林陽太郎富士ゼロックス元会長、そして僕だった。恐縮しきりだったが、ありがたいことだった。

結局、僕は、中山さんに何一つ恩返しができなかったが、中山さんは、「僕のことはいいから、君より若い人の力になれる人間になりなさい。それが、君のするべきことだよ」とおっしゃるだろう。改めて、中山素平さんに合掌したい。

第13章

ブラック

「会社更生法も考えといたほうがええんとちゃいますか？」

164億円の協調融資――。

これで僕は間一髪、命を救われた。

しかし、これは地獄の一丁目だった。本当の地獄は、ここから始まった。

僕が「リストラ計画をどう実行したらええやろ……」と一生懸命考えているときに、興銀の人からびっくりするようなことを言われた。

協調融資が決まった直後の土曜日のことだ。

興銀のチーム・リーダーが僕のところにやってきて、こう言った。

「西さん、リストラのプランもいいけど、会社更生法もちょっと考えといたほうがいいのでは？」

「えっ」

僕は絶句した。

さらに、その人はこう続けた。

「まぁ、会社更生法というのは、社長も役員もみんな辞めないといけないから、和議にしたほうがいいかもしれませんね」

もう、顔が全面真っ青になった。目の前が真っ暗になって、「えっ」という声しか出なかった。もうアカンということか……。興銀のリーダーは、「ちょっと、月曜日の朝まで考えさせてください」と言うのが精一杯だった。興銀のリーダーは、「じゃ、月曜日の朝に返事を持ってきてください」と言って立ち去った。

冷静になれ。よく考えるんや。

僕は自分に言い聞かせていた。そして、「会社更生法ってなんや」「和議ってなんや」と思った。まずは、それを理解しなければ。そう思った僕は、六本木の書店に本を買いに行った。『破産法』という有斐閣の分厚い本と、あと2~3冊買った。タイトルに、「破産」とか「倒産処理」とか書いてあるゴツい本だ。

それで真夜中に、誰もいない会社で、アスキーの財務担当の藤木常務と二人で読み始めた。法律専門書だから、文章がめちゃくちゃ難しい。「どういうこと?」「何が言いたいの?」と思いながら、しかめ面で読み込んだ。そうしたら、会社更生法の申請には、財産目録とか借金明細とか、いろいろなものを用意しないといけないことがわかってきた。これは大事《おおごと》だ……と思った。

シュレッダーの音を聞きながら「決意」した

僕は藤木常務に聞いた。

「なぁ、ウチに財産目録ってあるんか?」

「いや、財産目録は作らなければならないですね」

「どうやって作るねん?」

「……」

それで、夜中2時くらいに、財産目録というものは、全部で厚さ5センチほどのものを作らないといけないことがわかってきた。すぐに作るのは無理だ。そんなもん、やってられない。こうして、僕たちは「会社更生法の書類は作れない」という結論を導き出した。一方、リストラの書類は5ミリくらい。だから、僕はこう言った。
「これは、リストラの書類のほうが簡単だ」
「そうですね、社長」

そこで、僕はやおら立ち上がると、『破産法』の本をびりびり破ってシュレッダーにかけた。全部で5〜6センチくらいの分厚い本だったから、10ページずつ破って、ビーッとシュレッダーにかけていった。静かなオフィスに、ビーッという音が鳴り響いていた。

そのシュレッダーの音を聞きながら、僕は思った。絶対に破産はありえない、と。どんなに辱めを受けても、『日経』や『フライデー』に載っても、破産だけはしないと決めた。決めたら、元気が出てきた。「よし、やるぞ」という気持ちになった。月曜日の朝に、興銀のリーダーのところに行って、「私は絶対あきらめません」と言った。「そういう決心なら、しっかり頑張ってください」と言われた。

ところが、だ。

後で聞いたら、企業の破産というのは書類一枚でできるらしいことがわかった。びっくりしたよ。だって、社長が弁護士への委任状にハンコを押したらいいだけ。あとは、書類数ページを裁判所にもって行ったらOKだというんだから。財産目録とか借金明細は、弁護士が作ってくれるのだ。

あのとき、僕が買ってきた本は、全部、弁護士向けの本。僕はアホやから、弁護士のやる仕事を、自分たちでやらなければならないと思い込んでしまったわけだ。だけど、だからこそ僕は、「破産だけはしない」「絶対にあきらめない」と腹が決まったのだ。神様からのご褒美だったのか、それとも、「地獄めぐりをして、もっと勉強しなさい」ということだったのか、僕にはよくわからない。

ただ、僕は、こんなふうに思うようになった。

手形が不渡りになるとかそういうことで、会社が潰れるのではない。社長が「もうアカン」と思ったときに、会社は潰れるのだ。だから、決して「もうアカン」と思わないことが大事。ほとんどの破産は、社長が「もうダメだ」と思ったときに始まるのではないか、と。

車の「仮免試験」を受けている心境だった

それで、僕はリストラ計画に集中した。

これが辛かった。何を言っても、何をやっても、銀行からダメだしをされる。約800人の社員と360億円の年商がありながら、毎日、自動車教習所の仮免試験を受けているような心境だった。やりたい事業、やるべき事業はいくらでもあった。だけど、それどころじゃない。高速道路で、初心者並の安全運転に徹しなければならないような、そんなもどかしさを感じていた。

だけど、今思えば、当時の僕は経営の初心者。

自分ではいっぱしの経営者のつもりだったけど、実際には「仮免」も持っていない状態だった。だから、興銀のプロに「経営のイロハ」を教わる、いい機会だった。格好よく言えば、ビジネススクールのMBAに入学をさせてもらったようなもんだ。あのリストラを経験できたからこそ、僕は経営のことが多少はわかるようになった。

一番アカンかったのは、僕が売上ばっかり追いかけて、利益のことをちゃんと考えてなかったことだ。まぁ、バブルの頃は多くの経営者がそうだったとは思うが、他人《ひと》様《さま》のことはいい。利益を出さなければ、会社は続けられない。事業も続けられない。そんな当たり前のことがわかっていなかったし、その当たり前のことを実現するには「厳しさ」が必要だということもわかってなかった。

かつて、「お前なぁ、売ってばっかりで会社大きくなってるけど、利益がないやんか。アホ」と忠告してくれた父親は、完全に正しかったのだ。あの頃、父親は、バカ息子をどんな思いで見ていたのだろう、と今は思う。

「お前のところの利益率は、定期預金の金利より低いぞ」

興銀の人には、こんなふうに言われた。

「お前のところの利益率は、銀行の定期預金の金利より低いぞ」

「えーっ」と思った。つまり、アスキーに金を貸すよりも、定期預金に預けといたほうがお得ということだ。それはアカン。誰だって定期預金に預ける。にもかかわらず、銀行は164億円も協調融資をしてくれた。だから、興銀の人は、「売上高利益率を高めなければダメですよ」と教えてくれた。

融資の条件は、164億円を8年で返すことだった。

164億円を8年だから、ざっと年間20億円。金利を含めて年間30億円の借金を返さなければならないことになる。計算すると、売上高利益率7％が30億円に相当した。ところが、当時のアスキーの売上高利益率は3％しかなかった。「3％利益が出たら、あとは使え」という経営をやっていたわけだ。

実際、いい加減なことをやっていた。不真面目な編集長は、毎日タクシーで通っていた。タクシー代が毎日1万5000円とか、とにかくやりたい放題、使い放題というか、もうめちゃくちゃだった。それでも僕は、「3％の利益が出ているんだから、かまへん、かまへん」と言っていた。

それで、3%に返済分の7%を乗っけて、売上高利益率10%の会社にしようと思った。興銀にお願いして、資金管理のプロである橋本孝久さんを経営陣に迎えて、リストラを進めていった。

まずは青山にいくつも借りていた無駄なオフィスを解約し、オフィスを一つに集約するために代々木に新たなオフィスを借りて引っ越した。売上が低迷していた事業はすべてやめて、経費を削減し、売上を伸ばすことを考えた。

人材採用も人事評価も変えた。

それまでは、採用にも、一人ひとりの仕事のアウトプットにも、そんなにシビアではなかった。「来たい人は誰でも来たらいい」「やりたいことがあるならやったらいい」という感じでやっていた。

だからこそ、アスキーは大きくなったし、ユニークな事業も生み出されたとも言えるが、そんなことをしている余裕はもうなかった。採用も、アウトプットも、慎重にすることにした。「厳しくやらなアカン。それが会社のため」と思った。

「ブラックしかゴールドになれない」という勘違い

僕は、態度も改めた。

利益率を上げるために、徹底的に厳しくやることに決めたのだ。

アスキーは事業部制を取っていたから、事業部長には特に厳しくした。事業部長は利益を出したら、100万円ずつではなく、ドカンと500万円ずつ上がるという、超インセンティブの付いた報酬制だったから、その代わりに、利益を出すようにガンガン、プレッシャーをかけた。

月次で売上と利益を把握して、儲かっているレポートができない事業部長には、「アカンやろ。儲けろよ」とやった。最初は、月末に「バカヤロウ。何してんだ、このヤロウ」とか言ってたが、過去のことをいくら言ってもしょうがないと思って、途中から、毎月15日に中間決算をするようにした。

中間決算が赤字だったら、月末までほぼ毎日電話をかけて、「儲けろよ。黒字にしろよ」と言った。土日も関係ない。休日にも家に電話をかけて、「お前、赤字やのに、家で休んでんの？　何やってんの？」と追い込んだ。「いえいえ、今から会社行こうと思ってました」と言うから、「早よ来い。ボケ」と言った。

利益を出してない社員にも厳しくした。売れない本を作った編集者のデスクの上に、売れ残った本を積み上げた。天井まで届いたら、横にまた積み上げていって、編集者は潜り込むようにしなければイスに座れないようにした。それを「かまくら」と言っていた。

エレベーターホールにも本を積んだ。エレベーターから降りたら、通路が50センチしかない。ホール全体が天井まで全部、返品された本だったりした。「売れない本を作った罰」だと言って、本を〝晒し者〟にしたわけだ。

あの頃、僕は会議でギャーギャー怒鳴り声を上げたし、コップも投げたし、お皿も投げたし、靴も投げたし、机もひっくり返したことがある。ほっぺたを殴ったことはないけど、本を持ってきて、堅い部分で頭をガツンとやったことはある。

今の時代だったら、完全にアウト。完全なるパワハラ。

だけど、当時の僕は、「ブラックしかゴールドにはなれない」みたいなことを嘯《うそぶ》いていた。みんな辛かったと思う。もちろん、利益意識の薄い幹部・社員にも問題はある。「利益も出さんとふざけてるのは〝犯罪〟だ」と、今も思ってる。だけど、あれはアカンかった。本当に申し訳ないことをしてしまったと、今は思う。

社員からは、「社長は前はニコニコしてたけど、今は別人になった。怒ってばっかりだ」「怖くて、声がかけられない」といった声が出ていると聞いた。でも、それで利益率がよくなっていったから、僕は、なかなか自分の間違いに気づくことができなかった。「パワハラはできない上司がやること」ということに気づけなかったのだ。

夜中2～3時まで会社でボーッとしていた

当時、僕は、全部の責任を自分が負って会社をやらなければならないと思っていた。

周りの人たちの力を借りればいいのに、全部自分が背負わないといけないと思い込んでいた。だから、毎日、夜中の2時、3時まで会社に残っていた。もうその日の仕事は終わってるのに、ただボーッとして会社にいる。そうしないと不安だった。もうほとんど病気。頭のバランスが壊れてて、多分、ノイローゼになっていたのだろう。

でも、さすがに、あんまり乱暴なことをやっていたから、いろんなところから「西はけしからん」とお叱りを受けるようになった。それで、だんだんと乱暴なことをしたらアカンということがわかるようになっていった。

それで、僕なりにいろんな工夫をするようになった。

事業部長にも厳しく当たるのではなく、一緒に時間をかけて事業計画をつくるようになった。僕が気をつけたのは、こっちが答えを押し付けるのではなく、いろいろと質問をしながら、事業部長が全部自分の頭で考えて計画をまとめるようにすること。計画の実行力は、執行責任をもつ事業部長が腹の底から納得しているかどうかにかかっているからだ。

うまくいかないときにも、できるだけ怒るのではなく、事業部長と話し合って、打開策を見出してもらって、それを励ますように心がけた。ついつい、カッとしてしまうこともあったけど、最後の方はだいぶ上手にできるようになっていたと思っている。

「君、1万人に動いてもらうには、どうしたらええと思う？」

僕に注意をしてくれた方はたくさんいたが、なかでも印象的だったのが、松下電器で松下幸之助さんの側近を務められた方だった。

僕にさりげなく忠告しようとしてくださったのだろう。あるとき、その方が僕に、「君、どういうふうに経営しているの？」と聞かれた。

「毎日毎日、みんなにいろいろああせいこうせい言うて大変ですわ」

僕はそう答えた。すると、「そうか」と言うと、「幸之助さんはこんなこと言ってたで」と教えてくださった。

「相棒と二人で仕事をするときは、何も言わんでも仕事ができる。『あ』と言うたら、『うん』という感じで仕事ができる。

10人の人と一緒に仕事をするときは、どうか？ 10人まではああせいこうせいと命令することができる。

だけど、100人の人と仕事をするときには、教えるような気持ちで仕事をせんとあかん。

1000人の人と一緒に仕事をするときには、『君ら頼むわ』『一つよろしくお願いします』という気持ちじゃないと仕事がでけへん。君の会社は、1000人以下やから、君は命令しているそうやけど、君、みんなに頼んだらええねん。

それでな、1万人の人と一緒に仕事をするときには、どうしたらええと思う？」

そんなの想像もつかなかったから、「わかりません」と言った。

そうしたら、その方は、手をご自分の目の前に持っていった。お年を召しておられたので、その手はぶるぶる震えていた。それで、こうおっしゃった。

「諸君らの幸運を祈ると、祈るような気持ちでいないと、1万人の人は動いてくれないよ」

僕はすごくドキッとした。

表情は微笑んでいるようなんだけど、目は笑っていない。鬼でもないし、仁王さんでもないけど、すごい迫力のある目をして、ほんの一瞬「諸君らの幸運を祈る」とおっしゃったのだ。

「すごいなぁ」と思った。いまだに、僕には、松下幸之助さんのおっしゃる「祈り」というものの真髄はわからない。でも、三十数歳の若造に、経営というものの深淵《しんえん》を覗かせていただいたように思う。僕は、自分の小ささを思わずにはいられなかった。

「瞬発力」と「熟慮」のバランス

あの頃から、僕は少しずつ変わっていったように思う。

リストラに苦しむ中で、自分を見つめ直すようになった。

経営判断にも慎重になった。僕は、20代の頃から「これだ！」「行ける！」と思ったら、即断即決。その場で「よし、行けー」と怒鳴りまくっていた。それは、僕のいいところでもあったと思う。ビル・ゲイツが、IBMのためにMS－DOSをつくることを決断したのも、僕が「やるべきだ！　絶対やるべきだ！」と叫んだからだと思う。ビジネスにおいて、その場の瞬発力が重要な局面はあると思う。

だけど、中山素平さんに、「リスクを取って突撃するような生き方はやめなさい。危ないことは避けてやったらどうだ」とお叱りを受けたように、一つひとつの判断を慎重にすることも大事だ。

だから、なんらかの経営判断をするときに、喉元まで「よっしゃ」という声が出かかっても、必ず一呼吸置くようになった。会議中に何かを決めなければいけない段になると、トイレに言って一呼吸置いて、それから結論を出すようになった。

大切なのは、「即断即決の瞬発力」と「熟慮する慎重さ」のバランスなんだろう。そのバランスを取るのは簡単なことではなかったが、そういう意識が生まれたことは、僕にとって大きな成長だったと思う。

ふと「ああ、幸せだな」と思えるようになった

徐々に、気持ちも変化していったと思う。

僕はずっと、マイクロソフトとの訣別によって傷ついた「自尊心」を回復したいともがいていた。そのためには、ビル・ゲイツと対抗できるだけの仕事をして、彼に匹敵するほどのお金を稼がなければならないと思い込んでいた。ビルに尊敬される男になりたかった。しかし、それが僕のエネルギーになっていたのは事実だが、結局、そのための努力は僕を幸せにはしてはくれなかった。

それどころか、会社が潰れる寸前にまで追い詰められて、僕は毎日毎日、生きるか死ぬかの瀬戸際でリストラに励まなければならない境遇に立たされていた。でも、それがよかったのかもしれない。生きるか死ぬかの瀬戸際に立たされたら、そのことでいっぱいいっぱいで、それ以外のことなど、どうでもよくなる。

しかも、ビル・ゲイツは、僕が資金繰りに追われ、リストラに苦しんでいる真っ只

中の1992年に、アメリカ建国史上最年少で長者番付第一位になったのだ。もちろん、そのニュースを目にした時は、リストラで死ぬ思いをしている自分と比較して落ち込んだ。だけど、さっぱりしたような気持ちもあった。だって、そんなの、もう敵《かな》いっこないからだ。いい意味で「諦め」を知ったのかもしれない。

そして、少しずつ「幸せ」を知るようにもなった。

会社が潰れそうになって、ギリギリのところまでいって、いろいろな方に助けてもらって、なんとか生き残って、会社を再建するために生きるか死ぬかの瀬戸際で必死に働いて……そういう経験をして初めて、「幸せ」とはどういうものか、少しだけわかるようになったのだ。

会社がきちんと回っていて、月末にみんなに給料が払えるということが、どれだけありがたいことか……。会社のデスクで仕事をしていて、ふとそんなことに気づいて、「ああ、幸せだな」と思うときが何度もあった。

そして、ビル・ゲイツのように大成功をしなくても、自分は幸せになれるんだと思えるようになったのだ。「お金＝幸せ」という方程式は成立しない、と。

もちろん、人はそんなに簡単には変われない。仕事に追いまくられたりすると、すぐに僕は「幸せ」を忘れてしまった。だけど、その感覚を知ったことは、僕にとっては大きな変化だったように思う。

ビルとの「和解」が僕にもたらしたもの

ビルとの再会も、僕を変えてくれたと思う。

実は、僕は、１９９１年にビルと和解をしていた。１９８６年に訣別してから５年ほど絶縁状態だった僕たちの間を取り持ってくれたのは、当時、マイクロソフト日本法人の社長を務めていた成毛眞さんだった。

彼は、社長に就任して１～２ヶ月経ったころに、僕に「会ったらどうか」とメールをくれたのだ。これは、本当に嬉しかった。ビルも喜んでくれたようで、すぐに三人で会うことになった。会ったのは、かつて僕が定宿にして、ビルとも何度も一緒に泊まったホテルオークラである。成毛さんは、二人にとって思い出深い場所を選んでくれたのだ。

会う前は、少し緊張していた。

5年の歳月が、僕たちの関係を完全に変えてしまったかもしれない、と思ったからだ。だけど、杞憂《きゆう》だった。会った瞬間に、僕たちは打ち解けて、成毛さんをそっちのけで延々と話し込んだ。本当に楽しかった。過去の話は一切しなかった。パソコンの未来のことばかり話してた。まるで、1978年に初めて会った時のようだった。

もちろん、全く元通りの関係に戻れるはずはない。

なにしろ、彼はアメリカの長者番付第一位のVIP中のVIP。立場が違いすぎる。だけど、僕はビルに深い友情を感じたし、彼も変わらない友情を示してくれたと思う。それで、僕は十分だった。それまで、僕の中にわだかまっていた「敗北感」が溶け始めるのを感じていた。

第14章

造反

僕は「帰る場所」を失った

苦しい時期は続いた。

会社をリストラするとは、それまでの自分を否定することだった。

銀行の指導によって、僕が主導してきた事業の多角化を見直し、非採算事業は撤退か縮小を決断しなくてはならなかった。新規事業への参入もタイミングを慎重に見極めるようになった。売上至上主義からの転換も徹底した。それは、経営者としての基礎を叩き込まれた時期でもあった。

僕はそれまで、「これは面白い！」「これは可能性がある！」という感動を原動力に前へ前へと猪突猛進してきたが、それだけでは危険すぎるということも身体《からだ》で理解できるようになった。そして、ちょっと立ち止まって、「実現可能性」「タイミング」「市場性」「収益性」などさまざまな観点で検証することを学んだ。なかには、「経営者として一皮剥けた」などと評してくれるマスコミもあった。

だけど、悔しい思いもたくさんした。

なぜなら、銀行の人々も、アスキーの経営陣や幹部も、当時、進んでいたIT革命の行方を見通しているわけではなかったからだ。だから、僕には見えている未来や、その未来に向けてアスキーがやるべき事業をどんなに訴えても、なかなか理解してもらえなかった。

最後の最後には、僕が強引に押し通したこともあったが、周囲の猛烈な反対に合って、思わず会議室でわんわん泣いてしまったこともあった。駄々をこねたわけではない。孤独だったのだ。僕が思い描いているビジョンを共有している人がいない。それでは話が通じるはずもない。〝太平洋ひとりぼっち〟みたいな気持ちで、思わず泣いてしまったのだと思う。


そんな時に、僕が救いを求める場所があった。

アスキー創業当時に借りた南青山のハイトリオ305号室だ。創業の場所が、僕の〝隠れ家〟だったのだ。困ったことがあったり、理解してもらえないことがあったりしたときに、そこに行って一人でめそめそ泣いたりしていた。胎内回帰願望みたいなものだったのだろう。そこだけが、僕にとっての安息の場所だったが、その部屋もリストラによって契約を解除しなければならなかった。創業の場所がなくなり、もう「帰る場所」がなくなったような気がした。

リストラ成功の直後に起きた「造反」

それでも、苦しいリストラの努力は徐々に効果を現すようになった。

1991年に発売したゲームソフト『ダービースタリオン』や、1993年に発刊した単行本『マーフィーの法則』が、1990年代半ばに大ブームになったこともあって、業績が急速に回復していった。利益率も大幅に向上した。

1995年3月期には、売上417億円（前期比7・2％増）、経常利益12億円（同4・8％増）を計上。さらに、1996年3月期には、経常利益20億円（前期比67％増）と、アスキー史上最高益を達成するに至ったのだ。

これで、社内は再び活気を取り戻した。頑張ってくれたみんなのおかげだった。僕は、決算発表会で「リストラがうまくいっているアスキー」とアピールして、業界では「西は強運を持っている」と囁かれていた。ところが、「さぁ、これから反撃開始だ」と思っていた矢先に、大騒動が巻き起こった。造反である。

『ダービースタリオン』を生み出し、アスキーの稼ぎ頭だったゲーム事業部門のトップをはじめ、四人の役員が辞表を提出。四人が揃って出版・ゲームソフトの新会社「アクセラ」を設立したのだ。

もともと、1996年5月29日の決算委員会で造反役員の退任決議を行うことになっていたのだが、その4日前に日経新聞がすっぱ抜いた。そして、5月30日に行った記者会見で、僕が「これは買収ではない。乗っ取りだ！」と発言したことで、マスコミが一斉に騒ぎ立てることになった。

造反の理由は僕のワンマン経営だった。

そのきっかけになったのは、3月末から4月上旬にかけて役員に回覧された緊急融資の稟議書だと報じられた。これが、実質的に僕個人の借金返済のための緊急融資であり、そのような稟議書が回ること自体が、僕のワンマンぶりを証明するものだというのだ。

これに、当時の僕は反発した。

緊急融資を受けた事実については認めて、5月末には全額を返済した。しかし、その融資の話がなぜワンマン批判につながるのか、わからなかった。

僕は会社から融資を受けるために、社内の手続きに従って稟議書を回したのだ。本当のワンマン社長が仕切っている会社だったら、そんなことをせずに勝手に会社の金に手をつけているはずではないかと主張したのだ。それに、僕が会社に入れた50億円はどうなったのか、返してもらってはいない。

「会社の交際費も、わしは自分の金を使う」

しかし、これはやっぱり認識が甘かったと思う。

創業者である僕は、アスキーは自分の会社だと思っていた。自分が困ったときに、融資を受けるくらいのことは許されるだろうという気持ちがあった。

でも、これは個人商店の発想だ。僕が全株式を持つ個人商店なら、この理屈も通るだろう。しかし、アスキーは上場企業。会社の資産はすべて株主の所有物だ。公私混同のそしりを受けないように、自分を律するのが当然のことだった。

たいへんお世話になったCSKの大川功会長からも、お金に対する公私のけじめについて教えを受けた。おそらく、この造反劇のことが念頭におありだったのだろう、こんなふうにおっしゃった。

「わしはな、会社のお金を遊びに使ったことは一円もないんや、お前もそうしろよ。会社の仕事で使う交際費だって、自分の金を使う。それが一番賢明や。本人の金を使ってるんやから、いちいち言われることはない。株主総会であろうが、誰が何と言おうが、『個人で遊んだ金だ』と堂々と言えるからよ。

それにな、よほどバカなやつでない限り、上の人間が会社の金でなく自分の金を使っていたら、それは男の背中ではないけれども、公私混同したらあかんと自然に教えられるんや。よく社員から上がってくる伝票をすべて見るという経営者もいるけど、そんなの見ていろいろ言ってるよりも、男の背中で教える効能のほうがずっと大きいし、楽やで」

「バカな経営者を排除するのも仕事のうち」

まったく、そのとおりだった。

要するに、僕は脇が甘かった。公私混同のそしりを受けるようなことをして、自ら「付け入る隙」を与えていたのだ。僕が、記者会見で「これは買収ではない。乗っ取りだ！」と発言したことで、マスコミはさまざまな人の名前を取り沙汰したが、その真相はこうだ。

実は、興銀傘下のコンサルタント会社から出向でアスキーに来ていた人物が、みんなを焚きつけて造反させたのだ。そして、その人物は、のちにアクセラに移籍した。脇の甘い〝おぼっちゃん〟の僕に一泡吹かせるのは、きっと簡単なことだったんじゃないだろうか。

それにしても、ひどかった。

そのコンサルタント会社の一番偉い人は、僕のことをこう言っていたらしい。「バカな経営者を排除するのも、コンサルタント会社の仕事のうちです」と。これは悲しかった。僕はそのコンサルタント会社への発注者なのに、その僕に対して、「バカな経営者を排除するのもコンサルタントの仕事のうち」とは、ひどいと思う。

僕は、興銀のトップに事情を説明しに行った。そうしたら、興銀の当時の副頭取だった方が、そのコンサルタント会社に乗り込んで行って、「お客さんのところで、なんてことをしてくれたんだ」と強く怒ってくださった。そこまでしてくださったので、僕もそれで矛を収めたが、今でも悲しさは消えてはいない。


とはいえ、全ては身から出た錆でもあったことは認めなければならない。

そして、この一件は、アスキーにとっても、僕にとっても大きな痛手となった。

1996年中に、ゲーム事業部門の社員約60人が会社を辞めてアクセラに移って行った。稼ぎ頭の一角だった部門が丸ごと消えたようなものだから、それは痛撃だった。

しかも、マスコミがネガティブな情報を書き立てたことも、大きなダメージとなった。

2ヶ月前に最高益を出して「これから」というときに、僕は再び地獄の底に突き落とされたのだ。

「もっと広い心をもたないと君はダメになる」

このときは、中山素平さんにも、厳しいお叱りを受けた。

「もっと広い心をもたないと君はダメになる」

「辞めた人でも戻って来られる心の広さをもちなさい」

「今度揉め事を起こしたら君はおしまいだ」

僕は、頭を垂れるほかなかった。中山さんは、緊急融資の稟議書のことも、造反劇の裏側も、もちろんご存知だった。しかし、問題の本質はそこではない。僕の心の問題だ、と忠告されたのだろう。返す言葉もなかった。


たしかに、そうかもしれない……と思った。

僕には好きなやつもいれば嫌いなやつもいる。それは、人間だったら誰だってそうだろう。ただ、僕はちょっと極端なところがある。

何かで対立したりして、いったん相手のことが嫌いになると、口もきかなくなるし、一緒に仕事もしない。僕の方から、「お前なんか嫌いだから二度と会わない」と言ってバイバイした人間とは、僕は絶対に会わない。そんな、ものすごく頑《かたく》なところがあるのだ。


ビル・ゲイツが、アスキーとの提携を解消した直後に、僕をこう評したことも思い出した。

「これまでに会った誰よりも僕に似ている。ただ、彼は極端すぎた」

ビルは、僕に直接何かを言うことは一切なかったが、僕のことをよく見ていたのだと思う。

あるいは、僕について、こんなふうに語ったこともあった。

「カリスマ性を持った人だ。新しい会社を起こすときに、彼は下の人間を励ますのに天才的なものを持っている。管理者としてはどうかというと、これはなかなか難しくてうまくいえないけれど、彼の下のマネージャーがいい人材であれば、彼らのリーダ

ーシップをとることは問題ないと思う」(『日経パソコン』1986年9月29日号)

「経営者としての器」とは?

CSKの大川功さんには、こんなふうに諭された。

「わしの会社には何万人という人がいる。全部の人と知り合いではないが、わしと直接話をして、一緒に仕事をする幹部が50人ぐらいいる。好きな人もいるけど、イヤなやつもいる。だけどイヤなやつにイヤだと言って何かいいことがあるか? 何もない。それにわしは天才的なやつが好きだ。でも、天才的なやつは変なやつが多い。そういうやつをいちいちイヤだと言っていたら、周りには人材がいなくなってしまうぞ。たしかに、お前の言うお前の嫌いなやつにも、お前が指摘するような欠点はあるんだろうよ。だけど、そいつらの欠点をどう受け入れて、いいところを見ながら仕事ができるかどうかが、お前の経営者としての器だよ」

耳が痛かった。

すぐに、すべてを素直に受け入れられるはずもなかった。そのとおりだと頭ではわかっても、いざ人と向き合うと思うようにはいかない。

でも、僕なりに努力した。自分の思うように相手が動いてくれないときに、自分の気持ちをぐっと抑えるように心がけた。「イヤだな」と思っても、それを表に出さないように気をつけて、相手のいいところを見つけて関係を保つように心がけた。

だけど、どうしてもそれでは気持ちが収まらないこともある。

そして、「俺は、やっぱりいいんだ。やっぱり俺は、イヤなやつとは付き合わない。好きなやつとだけとことん付き合う。そんな生き方が自分には合ってるんだ」と思ったこともある。だけど、それだとやっぱりうまくいかなくて、考え直す。そんな揺り戻しを、ずっと繰り返したように思う。

「厳しい優しさ」と「優しい厳しさ」

もうひとつ、当時を振り返って思うのは、経営者には「優しさと厳しさ」が必要だということだ。

単なる「優しさ」や「厳しさ」ではない。大事なのはこの二つなのだ。

「厳しい優しさ」と「優しい厳しさ」。「優しい厳しさ」とは、逃げ道を塞がないということ。「厳しい優しさ」とは、甘やかさないということだろう。どちらも、僕には足りなかった。というか、甘やかすような「優しさ」と、逃げ道を塞ぐような「厳しさ」の両極を、僕は極端に行ったり来たりしたように思う。

アスキーでリストラに取り組む前は、甘すぎた。

もっと利益を優先する厳しさをもつべきだった。「アスキーに入りたいんです」と言われれば「どうぞ」と受け入れ、「この仕事が必要だ」と社員に言われれば、「よし、わかった」と胸を叩いていたが、本当にその人がやり抜く力をもっているのか、その仕事は本当に必要なのか、もっと厳しく見極める必要があった。

もちろん、「来たいやつは誰でも来い」「やりたいことは何でもやれ」というところが、アスキーの魅力でもあったと思う。だからこそ会社は大きくなった。それで、実際に素晴らしい仕事を成し遂げてくれた人もたくさんいた。だけど、それがアスキーをダメにするひとつの要素だったことを、今になって認めないわけにはいかない。

それに、僕自身、「この仕事が必要だ」と言った人が、なかなか成果を出してくれないと、腹を立てた。それで嫌いになってしまって、トラブルの種をこしらえていた。だから、一つひとつのことをしっかりと見極めて、時には「NO」ということも必要だった。僕の「優しさ」は、単なる「甘さ」だった。もっと厳しく言えば、「いい加減すぎた」のだと思う。

一方、リストラが始まってからは、僕は徹底的に厳しくした。

前に書いたとおり、それはあまりに過酷な仕打ちと受け取られたに違いない。

相手に逃げ道を与えず、追いつめて、完膚《かんぷ》なきまでに叩きのめすようなところがあったと思う。たしかに、利益を出すことは絶対条件だ。会社を守るため、みんなの生活を守るためには、利益を厳しく求めなければならない。だけど、あの頃の僕には、「厳しさ」と同居すべき「優しさ」が欠けていたことを認めなければならない。

相手のことを理解し、相手の手助けをして、成功体験を積んでもらうことで、自ら成長していくことを願う。そんな「優しさ」に欠けた、厳しいだけの「厳しさ」は、相手との関係を根底から壊してしまうだけだ。それが、造反の根底にあったのではないかという気がする。

三人寄れば文殊の知恵

「厳しい優しさ」と「優しい厳しさ」——。

これは、言うのは易しいが、それを体現できなければ意味がない。

そして、それは、ものすごく難しいことだと思う。今も、「厳しい優しさ」と「優しい厳しさ」について考えて、途方に暮れるような気がする。

ふと思い出すのは、僕が小さい頃の家族だ。

当時、我が家には、父親、母親、大叔父、大叔母と僕と妹の6人が住んでいた。4人の大人はみんな、須磨学園の経営に携わっていた。それで、晩ご飯が終わったあとに、4人が学校で起こったことについて話し合っているのを、よく横で聞いていた。これが、面白かった。

例えば、学校で生徒が事故を起こしたときには、副校長だった母親は「許してあげましょう」と言うが、理事長の大叔父は「いや、しっかり指導しなければダメだ」と厳しい意見を言う。校長で経営を見ていた父親が、「そうは言っても、生徒はお客さんやからな」と言うかと思えば、英語の教員だった大叔母はニコニコしながら「ケンカしないで仲良くしたら」と言う。

まさに、四者四様。一人ひとりが、バラバラのことを言う。大叔父はだいたいにおいて厳しくて、母親と大叔母は優しい。父親は、どちらかという厳しいけれど、算盤勘定は絶対に手放さない。だいたいそんな感じだった。

だけど、4人であれだこうだと話し合っているうちに、だんだんと落とし所が見えてくる。そして、それがだいたいにおいて「厳しい優しさ」だったり「優しい厳しさ」に該当するような結論だったような気がする。

そういうことなんだなぁ……と思った。

一人の人間で「厳しい優しさ」と「優しい厳しさ」を体現できるのは、よほどの人物だろう。だけど、違う性格、違う感性、違う専門性をもつ人間が集まって話し合うと、そこには自然と「厳しい優しさ」と「優しい厳しさ」が生まれる。三人寄れば文殊の知恵とは、そういう意味なのかな、と思ったりもした。

だけど、僕は、そんな仲間とぶつかってばかりだった。ビル・ゲイツとも喧嘩をし、郡司さんや塚本さんとも喧嘩をし、右腕だと信じていた古川享さんには裏切られ、稼ぎ頭だった役員には造反された。これじゃ、アカンなぁ……。そして、再び、中山素平さんの「もっと広い心をもたないと君はダメになる」という忠告に戻る。こんな堂々巡りを何度繰り返してきたか、わからない。

第15章

屈辱

三人の社長が誕生して、「経営」が失われた

造反劇は転換点だった。

まず、経営体制が変わった。

銀行から社長専任体制から集団指導体制に切り替えるように、という指導があった。それまでアスキーは事業部制を採っていたが、事業部のトップは社長である僕の指揮監督下にあった。それではダメだ。部門ごとに最高責任者を置いて、その合議によって経営をせよ、ということだった。

そこで、アスキーはカンパニー制を導入することになった。

会社の事業を、出版部門、ゲーム部門、システム部門の三つのカンパニーにまとめて、それぞれ橋本孝久さん（出版部門）、広瀬禎彦さん（ゲーム部門）、そして僕（システム部門）の三人の最高責任者を置いたのだ。いわば三人の社長の誕生だった。

しかし、アスキーにおいては、カンパニー制はほとんど機能しなかったと思う。確かに、それまでの僕は超ワンマンだったかもしれないが、興銀から招いた橋本孝久副社長のサポートを受けながら、二人三脚でやっていた。社内各部門の統制も取れていたと思う。

しかし、その統制は、三人の社長が誕生したことで失われた。最高経営責任者は僕のままではあったが、実権としては、他のカンパニーの最高責任者と同等。となると、隣のカンパニーのなかに土足で入って行って、現場の状況を把握することができなくなる。自分のところのことは把握できるけれど、他のカンパニーの実情がどうなっているか全くわからなくなったのだ。

それだけではない。

意思決定も歪んでいった。

会社の意思決定は、三人の最高責任者の多数決で決めるルールだった。となると、自分以外にもう一人の賛同者を獲得しなければならない。そこで、何が起こるかというと「取引」だ。「俺の提案を飲んでくれたら、君の提案を飲もう」というわけだ。

その結果、「会社として何をめざすのか?」「会社はどっちに向かっていくのか?」というビジョンや意志なんてものは、どこかへ消え失せてしまう。そして、支離滅裂な意思決定が積み重なっていく。しかも、他のカンパニーの内実がわからないのだから、疑心暗鬼が生まれる。そんな関係性のなか、ただ「取引」を続けるだけだった。それを「経営」とは言わない。

誤解してほしくないが、僕には他の二人の〝社長〟を責める気もないし、責める資格もない。僕も、そのような意思決定に陥ってしまった一人だったし、僕が最高経営責任者だったのだから、僕が一番の責任を負わなければならない立場だった。

カンパニー制にすると決まった当時、ソニーの大賀典雄社長にお会いする機会があった。オーストリアのザルツブルグでのことだ。

「アスキーもカンパニー制にすることになったんです」

「そうか。しかし、カンパニー制は難しいぞ。下手をすると会社が潰れるよ。僕がやっているように、君も好きにやればいいのに……」

そのときはあまり気にしなかったが、だんだんと大賀さんの言葉の重みを感じるようになっていった。

社長は、バランスも取らなければならない。時には「取引」も必要だろう。だけど、会社に一本スジの通った背骨をつくるためには、誰か一人の意志を貫く覚悟が必要なのだろう。それが「社長」であり、それこそが「経営」ではないか。おそらく、大賀さんは、それを「君も好きにやればいい」と表現されたのだと思う。

そして、僕には、未来のビジョンもあったし、貫くべき意志もあったと思う。経営者として備えておくべき知識も、徐々に身につけ始めていたと思う。だけど、造反されて権威が傷つき、求心力を失いつつあった僕は、カンパニー制を押し返すだけの力を失っていた。情けない……と思う。結局のところ、全ての責任は社長にもとにあるということなのだ。

痛恨だった「パソコン通信」からの撤退

経営状況も急激に悪化し始めていた。

造反後、初の決算となる1997年3月期の決算は、売上こそ524億円と増収となったが、146億円の大赤字を計上。負債も急激に増加していた。その前年、アスキー史上最高益を達成したのが夢のようだった。もう後がなかった。

至急、出血を止めなければならなかった。

そのためには、赤字の事業や不要不急の事業からは、すぐにも撤退しなければならなかった。僕が始めた思い入れのある事業も、いくつも撤退を決断した。やむを得ないことではあったが、いまだに後悔しているのが、パソコン通信「アスキーネット」からの撤退だ。あのとき、僕はもっと抵抗すべきだったと、今も思っている。

僕は、『月刊アスキー』の創刊号で、「コンピュータは対話のできるメディアである」と書いた。1977年のことだ。パソコンが通信で繋がれることによって、対話できるメディアになる未来社会が僕には見えていた。それ以来、僕はずっと「ネットワーク」を実現することを追い求めてきた。

だからこそ、1979年に、僕が初めて手伝ったパソコンであるNECの「PC－

８００１」に載せたマイクロソフトＢＡＳＩＣに、「ＴＥＲＭ」という通信機能のコマンドを付け加えたのだ。

インターネットへの「挑戦権」を失った

１９８２年には、画期的な有線ＬＡＮの技術規格だった「イーサネット」の発明者であるロバート・メットカフと交流した。当時、僕はマイクロソフト社があるシアトルに住んでいたが、日本に帰国するときには、必ずシリコンバレーに立ち寄って、いくつかの会社を回ることにしていた。そのなかで、特に面白いと思ったのが、ゼロックス社に勤めていたメットカフだったのだ。

僕は、ゼロックス社にイーサネットの特許をオープンにしてもらって、マイクロソフトと一緒にビジネスをしないかと持ちかけた。メットカフは乗り気だったが、ビル・ゲイツは躊躇した。当時、ＩＢＭが別のネットワーク規格をサポートしていたこともあって、マイクロソフト社がイーサネットだけにコミットするわけにはいかなかったのだ。もしも、このアイデアが実現していたら、面白いことが起きていたはずだと、今も思っている。

そして、1983年に発表したMSXが上手くいかないのを目の当たりにしながら、僕は、通信ネットワークで繋がれたときに、初めてパソコンは大衆化し、「一家に一台」普及する時代が到来するのだと確信。そこで、1985年5月に立ち上げたのが、日本で最初の本格的なパソコン通信の実験サービス「アスキーネット」だった。

当時の最大の狙いは、MSX2をパソコン通信でサポートすることによって、MSX2を普及させることだった。実験サービスということで、入会金や会費を無料にしたこともあって、1年ちょっとで会員数は1万3000人に増加。無料だったために収益性はなかったが、初期投資と割り切って始めた事業だった。

その後、改良を重ねていった。

使用料は無料のまま、アスキーネットのホームページに広告を掲載するビジネスモデルも開発した。1994年にはインターネットへの接続サービスも開始。「コンピュータは対話のできるメディアである」というビジョンを実現するためにも、目前に迫っていたインターネット時代に向けてビジネスチャンスをつかむためにも、僕にとっては最重要事業の一つだった。

しかし、僕の主張はどうしても受け入れてもらえなかった。

当時のアスキーネットは多くのユーザーを抱えていたが、いまだに収益性は低く、投資フェーズが続いていた。しかも、あの頃は、インターネットの可能性に対する理解はまだ低く、ビジネスとしては成立しないのではないかという観測が主流だった。

アスキーの経営が急速に悪化し始めて、出血を止めることが最優先される状況のなかで、僕は「アスキーネット」を守り抜くことができなかった。最終的に、アスキーネットは松下電器に買ってもらった。長年の夢が絶たれ、インターネットへの「挑戦権」を失うのは、僕にとっては痛恨だった。無念だった。このときも、僕は思わず会議室でわんわん泣いた。

アメリカと日本の「実力差」を痛感させられた

この頃には、強い思い入れをもっていた半導体事業もほぼ手放していた。

ヤマハと組んで始めた半導体の開発は、しばらく好調だった。アスキーの稼ぎ頭だった時期もある。しかし、バブルが崩壊してからは、だんだんヒットが出なくなって、ビジネスはしぼんでいった。

1986年に、アスキーと三井物産の共同出資で始めたVMテクノロジーも苦戦した。世界のパソコンの歴史にその名を刻んだ嶋正利さんと一緒に、インテルを超える半導体をつくるために悪戦苦闘したが、結局、インテルが見向きもしないニッチな領域で〝落ち穂拾い的〟な安物半導体を開発するしかなかった。

このときに痛感したのは、アメリカと日本の技術者の層の厚みの差だ。アメリカであれば、優秀な半導体技術者をすぐにかき集めることができるが、日本ではそれが難しかった。コンピュータ生誕の地であり本場であるアメリカの「強さ」を思い知らされる経験でもあった。嶋さんは紛うことなき天才だったが、サポートする技術者を集めきれずに、インテルに勝つことはできなかったのだ。

それでも、ワープロを中心に年間100万個の半導体を出荷するまでにはなった。しかし、製造費が高く利益はあまり出なかった。最終的には、製造を担ってくれていた富士通に事業を引き取っていただいた。

最後は怖くなって、「半導体」から手を引いた

ただ、多額の投資で、僕と郡司さん、塚本さんの仲を引き裂く原因ともなった、ネクスジェンは大きな成果をもたらした。

1986年に出資・参画したネクスジェン社は、アメリカ大手半導体メーカーであるAMD（アドバンスト・マイクロ・デバイス）と合併し、1997年の春に、ついに、10年の歳月と、アスキーだけで25億円をかけた、インテル対抗の半導体「K6」の開発に成功した。

これは、インテルの最上位半導体「ペンティアム・プロ」よりも処理スピードが速いうえに、価格が約25％も安い優れものだった。この「K6」の大ヒットによって、ネクスジェンの株式と交換して手にいれたAMD株は高騰。アスキーにかなりの利益をもたらした。

ただし、アスキーの投資額25億円のうち、20億円分はリストラのときに貸付金として回収していた。これは銀行団から求められたからで、もう少し待てば必ず株価は上

がると言っても信じてもらえなかった。残った5億円は、株価上昇で150億円にまで大きくなった。もしも、25億円の株式を持ち続けていればと悔しかったが、もう取り返しのつかないことだった。

そして、僕は、この成功を最後に、半導体からはほぼ手を引いた。

怖くなったからだ。そもそも、インテルは怖い会社で、僕たちが半導体ビジネスに参入すると、徹底的な営業妨害をしてきた。アスキーの半導体を買うんだったら、もうオタクにはインテルのCPUは売らない、とメーカーに迫るわけだ。インテルを敵に回したら、パソコンは作れないから、メーカーは僕たちにはつれない。

くそ、汚い手を使いやがって……と思ったものだが、圧倒的シェアを確立しているインテルにすれば、当然の「強者の戦略」だ。僕がインテルだったら、迷わず同じことをやる。だからこそ、僕たちは、インテルよりも高品質でかつ安価な半導体の開発に執念を燃やした。それしか、勝ち目がないからだ。

それよりも、怖かったのは、アメリカという国家の存在だ。

僕が思うに、ＩＢＭ、インテル、マイクロソフト、シスコなどは、アメリカという国家が絶対に潰さない企業だ。そのインテルに対抗しようとするのは、アメリカという国家に対抗するのに等しい。その恐ろしさに気づいたときには、血の気が引いた。だから、僕はおとなしく引き下がったのだ。

初代「週刊アスキー」の大失敗

業績が悪化していた１９９７年は撤退戦が多かったが、ひとつ大きなプロジェクトが立ち上がった。『週刊アスキー』の創刊だ。これが、えらい問題を引き起こした。そもそものきっかけをつくったのは僕だった。メジャーな一般誌『週刊ＳＰＡ！』の編集長が面白い人物だったから、スカウトして引き抜いたのだ。

僕は、東大文学部哲学科を卒業した彼に、哲学の翻訳書を出版してほしかった。日本語に翻訳された哲学書はやたら難解だが、英語で読むとすごくわかりやすい。そのわかりやすさを損ねないように上手に翻訳編集してもらったら、多くの読者を得られるんじゃないかと思ったのだ。

ところが、その男の友だちだったＩＢＭから来た広瀬さんが、１９９７年は、ちょうど『月刊アスキー』の創刊20周年にあたる年だから、『週刊アスキー』を創刊しようと、銀行出身で出版担当の橋本さんを口説いて画策した。しかも、その編集長は一般誌『週刊ＳＰＡ！』で実績のある人物だったから、一般誌として『週刊アスキー』を出そうとしたわけだ。出版部門は儲かってたから、こういうことができた。

それで、１９９７年5月に創刊。定価３５０円で40万部も刷った。「既存の週刊誌に挑戦する」みたいな広告を全国紙に全面広告でバンバン打って、宣伝費を5億円ぐらいかけたけど、これが大コケ。全く売れなかった。

それでなくても、アスキーの経営状況はどん底で、泣く泣く撤退している事業がいくつもあったわけだから、これは許されない。しばらくしたら休刊。編集長以下50人を即日解雇した。

新編集長に「頭がおかしい」と言われた

「これは絶対リカバーしないと、会社が潰れる」

そう思った僕は、出版部門の担当ではなかったけれど、「これだけは俺がやる」と言って作戦を練った。週刊誌の負けは、週刊誌で返さんとアカンと、なぜか思い込んだのだ。それで、目をつけたのが『EYE・COM』という隔週刊のちょっとユニークなパソコン雑誌。この雑誌の福岡俊弘編集長は優秀な人物で、雑誌も売れていたから、「これだ！」と思った。

アスキーでは『ファミコン通信』というゲームの週刊誌が成功していたから、パソコンの週刊誌だってうまくやったら絶対に売れる。一般誌のドメインでは僕らはやっぱり勝てないんだ。だから、パソコンという僕らの強いドメインに戻って、そこで戦おう、と思ったのだ。それで、当初、『週刊EYE・COM』という雑誌名を考えていた編集長を説得して、『週刊アスキー』としてやってもらうことにした。

編集長はじめ編集部のメンバーは、ほんまによく頑張ってくれた。

僕も必死だったから、編集には口も手も出した。だいぶ迷惑だったみたいだ。

『週刊アスキー』の表紙を作っているというから、編集部に見に行ったことがある。

デザイナーのパソコンの画面を覗いてみたら、「もうひとつやなぁ」という感じがした。そこで、「ちょっとええか」とデザイナーの椅子に座って、「もっとこうやったほうがいい」と言いながら、デザインをいじって、「よっしゃ、これで行け！」と命令して帰った。

ところが、出来上がった雑誌を見たら、全然、僕のデザインと違う。聞いたら、僕が帰った後、編集長は怒って、「全部、元に戻せ」と命じたらしい。でもそれで売れたんだから、彼らが正解だったということだ。

出張先のニューヨークで思いついて、慌てて編集長に電話したこともある。

「ヌード！　ヌード入れなアカン！　500万円持っていって、ブラジャーを取ってもらえ！　1000万円持っていってパンツ脱いでもらえ！」

そしたら、福岡は「そんなのできません！」と反論する。「乳首が見えたらナショナルクライアントは引くんですよ」と。「だったら、長いインターネットのアドレスを載せて、それをパソコンに打ち込んだら、乳首も見える、ヘアも見える。そういう感じにしたらいいやん！」と言い返した。

いい閃きだったと思う。長いアドレスだから、誰も覚えられない。見たかったら、雑誌を買うしかないというわけだ。だけど、言うことを聞かない編集長だった。大喧嘩になった。2時間くらいしゃべり倒した。最後には、「社長は頭がおかしい」とまで言われた。頭に来て、しばらく口もきかなかった。

僕たちは「総力戦」で戦った

ただ、僕も大きな貢献をした。

雑誌名はもともと『週刊ASCII』だったのだが、そんな横文字のタイトルの雑誌をキオスクに置いて売れるとは思えなかった。

それで、「ASCIIをカタカナにしろ！」と編集長に言ったら、また、「いやぁ、カタカナなんてかっこ悪いっすよ」とかグズグズ言う。だから、社長命令ということで強引に変えさせた。あとで聞いたら、編集長は「あれだけは、カタカナにしたのが正解。社長の言うこと聞いてよかった、唯一の正しい判断だな」と言ったらしい。

僕は営業戦略では貢献した。

なにしろ、僕は、『月刊アスキー』を創刊したとき、雑誌を風呂敷に包んで担いで回って、ありとあらゆる手を使って売った経験がある。だから、このときもいろんなアイデアを出した。

まず、全社員を動員。出社する前に、毎日、本屋を3軒回ってハンコをもらって、雑誌の注文を取ってきてもらった。全員に「リゲイン」というビタミン剤を配って飲ませて、「1日3軒行ってこい！」とやったのだ。完売してくれた本屋の店員さんに、「売り切れ御礼」というポチ袋に100円の記念硬貨を入れて配った。そうしたら、『週刊アスキー』が売れなかったら可哀そうだと、一番売れるレジ横に置いてくれたりした。

要するに、総力戦で戦ったわけだ。編集部も営業部もめちゃくちゃ頑張ってくれた。そのおかげで、雑誌は、その後、大成功する。毎週30万部くらい売れた。本家本元の『月刊アスキー』よりもメジャーな雑誌になったわけだ。立派な仕事をしてくれたと思う。

大川さんに「土下座」をして懇願した

だけど、世の中は残酷だ。

2代目『週刊アスキー』が発売になったのが、1997年11月20日。その月は、北海道拓殖銀行や山一証券などがバタバタと倒産したときだった。大手金融機関の連鎖倒産。誰もが経済の先行きを悲観していた。アスキーにも、ついにその日がきた。

『週刊アスキー』創刊の4日後の11月24日昼、メインバンクの興銀の部長が来訪され、こう宣告した。

「アスキーの成績はあまりよくないようだ。銀行も体力が落ちていて、このままではおたくにはもうお金は貸せなくなる。金融ではなく、外部会社のスポンサーを見つけてください」

同席していた役員たちはみんな、ため息をついていた。

僕は、「いよいよ来るべきときが来た」と覚悟した。もはやこれまで、と。

その夜、CSKグループとセガ・エンタープライゼスの会長を兼務していた大川功さんに会っていただいた。赤坂の今は無き料理屋・伊真心の二階の部屋だった。

大川さんに初めて出会ったのは、アスキー上場間もない頃だった。サンフランシスコ行きの飛行機で、声をかけられた。その後、大川さんが主催するいろいろな会に呼ばれた。「西くん、西くん」と可愛がっていただいた。

「困ったことがあったら、なんでもわしに言っておいで」と一度、言っていただいたことがあり、窮地に陥ったときに、大川さんの顔が浮かんだ。一緒にやるなら、大川さんがいいと思った。自由にやらせてくれそうな気がした。


僕は土下座した。

「大川さん、お願いです。アスキーを助けてください。お金を出していただけませんか」

「しゃあないなあ、でも今回は出したるわ」

その夜の話は、あっという間に終わったような気がする。

「大川さんの奴隷になる」という決意表明

僕は、12月1日に大川さんに手紙を持参した。お願いの念書だ。「私は何があっても大川さんのことを裏切りません」という自分の気持ちと、自分がCSKグループでできることを正直に書いた。下書きはワープロだったが、持っていった手紙は、墨をすり、筆で巻紙に書いて、最後に血判を押した。

株式会社CSK代表取締役会長
株式会社セガ・エンタープライゼス代表取締役会長
大川功様

念書

貴社益々ご清祥のこととお慶び申し上げます
平素は格別のご高配を賜り厚く御礼申し上げます

さて、弊社第三者割当増資へのご協力を仰ぐにあたり
ここに私の心情を述べさせていただきます
振り返りますと私の二十代はマイクロソフトのビルゲイツと
共に手を組んでパソコンという世代とそれによる新しい世界の
情報産業の基盤を構築したかのように思えます
また三十代は日本にもどり、株式会社アスキーを
店頭公開いたしました
四十代になった今、これからの私の仕事として
日本の情報産業のために働ければと強く思う次第であります
更に九年後の五十代の仕事としましては願くは
世界の情報産業のために貢献したいということが
私の真情であります
もし幸運にもこの目標に到達することができれば
結果として大川様はじめ株式会社ＣＳＫにも
必ずや大きく貢献できるものと今日、堅く

信じております

尚、本件につきましては、幸い社内意志の掌握もでき
役員をはじめ社内は完全にまとまっておりますので
なにとぞお力をお貸し下さいますよう伏して
おねがい申し上げます

このように自からの意志と決心、真情を吐露
するのは全く初めてのことであり赤面の至りでは
ありますが、私の不変の意志と決心を証するため
ここに謹んで署名、血判をさせていただきます

平成九年十二月一日夜
株式会社アスキー
代表取締役社長　西和彦　血判

「ここまでしなくてもいいのに……」

念書を見た大川さんは、まず、そうおっしゃった。そして、静かにこう続けられた。

「こんなことをしてくれるのは、お前ぐらいやなぁ。ありがとう」

僕は複雑な気持ちだった。なぜなら、この念書は、「私はあなたの奴隷になります」という素直な気持ちの表明でもあったからだ。

「屈辱の日々」の始まり

しかし、実際にお金を出そうという決断を下していただくまでには、もちろんいろいろなやりとりがあった。すぐにCSKの企画や経理の人がアスキーにやって来て、あらゆる分野にわたって厳しい調査を進めていった。

あいまいな在庫は強制的にゼロにさせられた。利益を上げていない会社は、すべて潰さなくてはいけなくなった。なかには、長年温めてきて、あと少しで利益を生みそうな会社もあった。しかし、こちらの都合や思惑は、現場の人たちには一切聞き入れてもらえなかった。

その間も、大川さんは終始優しく接してくださった。落ち込んでいる僕に、よく声をかけてくださった。厳しいことを言う役は、証券会社から引き抜かれた幹部の方だった。示し合わせてそういう役回りを演じておられたとは思えないが、お二人の「あ・うん」の呼吸は見ていてすばらしかった。

当時のアスキーの株には約4000円の値がついていた。CSKグループの忘年会があったとき、その幹部の方にこう言われたことがある。

「君のとこの株は4000円じゃない。わしの見るところ、まぁ800円。実力は見る人が見たらわかるんだよ」

不愉快だった。でも、その後、アスキーの株価は次第に値下がりしていった。その方は、ちゃんと先を見ておられたのだろう。これがプロか、と思った。

出資の話が進んでいた12月の中旬、大川さんと一緒にマイクロソフト主催の忘年パーティに出かけたことがある。そのときに、僕はビル・ゲイツにこう耳打ちした。

「大川さんに100億円出資してもらうことになった」

「なんで俺のところに最初に言ってこないのか」

とても驚いていたが、同時に苦そうな顔もしていた。ビルがそう言ってくれたことが、嬉しかった。しかし、なぜか理由はわからないが、興銀に「新しいスポンサーを見つけろ」と言われたときに、マイクロソフトのことは全く思い浮かばなかった。

それに、たとえ思い浮かんだとしても、僕はビルにお願いをすることはなかったと思う。なぜなら、アスキーは国策で救済された「日の丸」を背負った日本の会社だったからだ。外資企業に頭を下げるわけにはいかない。

そして、12月24日、クリスマス・イブに大川さんから最終的なOKが出た。

それを、夜遅くまで張り込んでいた日経新聞が次の朝一面ですっぱ抜いた。

こうして、僕の「屈辱の日々」は始まった。

第16章

陥落

「あんたも早よう凡才になってみたらどうや」

1998年に入ってから、「アスキーを今後、どうしていくのか」について、僕は何度も大川さんと打ち合わせを行っていた。

当初、大川さんには100億円の出資をお願いしたが、その後の調査で在庫などを強制的にゼロにしたり、会社を整理するうちに、いきなり150億円の特別損失を出すことになった。社長は続けさせていただくことになったが、そこから針の筵《むしろ》が始まった。そんななか、2月1日の夜11時から打ち合わせをした。1月29日から3日間のアメリカ出張の報告を兼ねた打ち合わせだった。

大川さんは、アスキーにお金を振り込んだ日から、現場の人たちといくつもの面談を行っておられた。CSKの資本が入ったアスキーで僕をどういう立場に置くのか、それを判断する目的もあったようだった。

一通りの報告を聞き終わると、大川さんは少し言いにくそうに話を始めた。

「今日の現場面談でわしが感じたのは、あんたはしばらく、現場には行かんほうがええ、ということや」

それを聞いて、僕は少なからずショックを受けた。アスキーを再生するためのアイデアを僕はたくさんもっていたし、そのために僕は何でもやるつもりでいたからだ。大川さんはそれを察したのか、優しい口調で言葉を続けられた。

「要するに、みんなにとって『西和彦』というのは、大きすぎるんや。現場が『西和彦』を恐れとる、というのもある。そこへもってきて、わしが『西、やれよ』と言って、あんたがガーッとやったら、恐れをなして辞めるやつがようけ出る。

今、せなあかんことは、萎縮《いしゅく》している現場の人間を勇気づけることやとわしは思う。これは銀行にも言わなければいけないことやけど、『アスキーの西』を温存しながら、これからの枠組みをどうつくるか、それがわしの仕事やと思っている。とにかく株価が上がるまでは、アカデミックな学会活動を含めて大きな仕事をやったらええ。2年くらいしたらなんとかなるだろう」

大川さんは、僕と現場の人間との感覚のズレについても触れた。

僕が会社をよくしよう、やる気を出させようとしていることが、彼らには「アメとムチ」というよりも、「ムチ」としてしか捉えられていないというのだ。トップとしての立場の微妙さもよくわかっている大川さんは、僕と現場の人間の意見を公平な目で見てくれてはいた。しかし、そのうえで、しばらくは現場の人間の意思を尊重して、やらせることも大事なのだ、と丁寧に説明をしてくださった。そうすることで、現場の人間に見えてくることもある、ということだった。

「明日にでも現場を集めて、これからは現場にタッチしない、直接はやらへん、と宣言するのがええんと違うか。わしらは最高経営会議で、現場から上がってくるものを、これはダメ、これはよし、と言ってやるのがいいんや。あんたはほんま天才やからなぁ。普通、歳をとるとみんなたいがいは凡才になるんやけどな。早よう凡才になってみたらどうや」

そう言って、大川さんは笑った。

「僕に社長を辞めろということですか？」

大川さんは僕に、現場に出ずに何をしろというのだろう……。僕は動揺してしまって、大川さんの話がうまく飲み込めなかった。

「それは、僕に社長を辞めろということですか？」

よほど不満と悲しさの入り混じった声だったのだろう。大川さんは、慌てたように打ち消された。

「そういうこっちゃない。そうじゃない。現場はみんな、あんたの先見の明や偉大さは認めているんや。わしも認めとる。しかし、現場にはあんたは強すぎるんや。あんたには他にやってもらわないかんことがたくさんある。アスキーだけやない。ＣＳＫグループにもたくさんあるんや。それに過去に何度か造反もあったやろ。これまではどれもうまくいかんかったけど、今度は状況が違う。だから、大川に言えば西の動きは何とかなる、とみんなに思わせたいんや。安心して仕事しいや、とみんなには言っといた」

少しずつ、僕の心は落ち着いていった。

大川さんがいわんとされていることも、わかってきた。アスキーの仕事は、これからも続けられると思うとホッとした。大川さんが「現場に出ろ」と言うまで、出ないでおこうと心も決めた。

もちろん、それはものすごく寂しいことだったが、アスキーのためにもそれがいいのだろうと言い聞かせた。そして、日本の業界への「将来戦略プラン」や「未来地図」を、どんどん大川さんに出していくことにした。それが、アスキー社長である自分に、今、求められていることだと思うと、少しずつ闘志が湧いてきた。

社長の最後の仕事は、社長を辞めることである

ところが、その直後、激震が走った。

潜っていた資金の無駄使いが明るみになったのだ。

売れない本の在庫が30億円、初代『週刊アスキー』の失敗20億円。20本以上作った売れないゲームへの先行投資が50億円。

それ以外の赤字も含めて約100億円の資金が消えていた。僕の担当だったシステム部門は黒字だったが、それ以外のカンパニーは〝大赤字〟だったのだ。思わず、ため息が出た。もしかしたら、銀行はこのことをあらかじめ知っていて、スポンサーを見つけるように言ったのかもしれないと思ったりもした。

やむなく、僕は、本当は定期預金にしておくはずだった大川さんから投資していただいた100億円のお金を取り崩してキャッシュフローに回すことにした。使わないで取っておくという約束を破ることになってしまったわけだ。

そして、CSKから財務のプロが送り込まれてきた。

彼らのチェックは、前回の調査をはるかを上回る、非常に厳しいものだった。苛烈《かれつ》とも言えるものだった。

アスキーの進行中のプロジェクトを一つひとつ徹底的に洗っていった。そのほとんどに〝バツ印〟がつけられた。なかには、もう少し頑張れば利益が出るものもあったが、情け容赦なくペケがつけられた。身が斬られる思いだった。なんとか生きているプロジェクトも、お金を止めれば死んでしまう。お金を止めることによって、結局、450億円もの特別損失を出すことになった。一気に、アスキーは債務超過に陥ったのだ。

終わった……と思った。会社として450億円もの損失を出したら、当然、社長である僕は辞職しなければならない。社長の最後の仕事は、社長を辞めることだと思った。そのかわり、アスキーは残してほしい……そう願うしかなかった。

僕はすべての「権限」を失った

1998年4月23日夕——。

何ヶ月も前から決まっていた、ベネッセ・コーポレーションの福武総一郎社長との会食の日だった。ベネッセの通信教育の教材を、ポケット型の端末で提供するビジネスをしていたためだ。年間約30億円のビジネスだった。日頃の御礼をかねて、大川さんが福武社長を接待することになっていた。

福武社長がみえるまでの短い時間、大川さんと僕は二人だけになった。

気づまりな雰囲気のなか、僕は辞意を伝えた。

「大赤字を出してたいへん申し訳ありません。こうなったからには、社長を退かせてください」

「……わかってる」

大川さんは、一言、そうおっしゃった。

会食のあいだ、福武社長は僕のことをたいへんかばってくださった。

「西くんがアスキーにいる限り、ベネッセは注文を出し続けます」とまで言ってくださった。福武社長の優しさが本当にありがたかった。

食事のあと、大川さんは僕にこう言った。

「取締役に残っておけ」

取締役に残ることができたのは、福武社長のおかげだった。ただし、取締役と言っても権限ゼロ。末席取締役になって、大川さん、CSK、セガ、アスキーの手伝いをするように、ということだった。

このとき、不思議とさばさばとした気持ちだった。悲しくはなく、嬉しくすらあった。僕がいなくなってもアスキーが続いていくということが嬉しかった。でも、家に帰って一人になったら、涙が止まらなかった。やっぱり悲しかったのだ。次の日の朝、枕は血の混じった涙のシミが大きくついていた。

昭和・平成を代表する事業家「大川功」

それにしても、見事な手際だったと思う。

CSK傘下に入って、わずか4ヶ月で、僕は社長の座から陥落した。シナリオがあったのだろう、これが「大人の仕事」だと感じた。ぐうの音も出なかった。こうして、「お山の大将」だった僕は、大川さんの軍門に降って〝奴隷〟になった。

大川さんは、昭和から平成初期を生きた立志伝中の人物だ。創業したCSKのほか、買収したセガ、ベルシステム24を一部上場させ、巨万の富を築くとともに、一大企業グループをつくり上げた、日本を代表する事業家のおひとりだった。

生まれたのは1926年。生家は、大阪市浪速区の船場で大きな商いをしていた。大川さんの鋭いビジネスセンスと、親分肌で気前のいい性格は、この生育環境によるところも大きいのではないかと思う。

大学を出てからは、ご兄弟が経営される会計事務所の手伝いをされていた。会計書類をつくる事務作業はすぐに覚えてしまって、もっぱら顧客の会社のコンサルタントのようなことをされていたようだ。大川さんは、経営者の人物と財務諸表を見ただけで、その会社の問題を見抜いていらっしゃったが、このときの経験がベースになっているのだろう。

その後、タクシー会社を経営。ここでは、一人ひとりの運転手にしっかり仕事をしてもらうためのマネジメントを身につけられたようだ。その経験が、のちにCSKを創業して、企業にコンピュータ・エンジニアなどの人材を派遣する事業を成功させるバックボーンとなったのだろう。

そして、1968年に、突然、タクシー会社を売却。ご両親からの相続財産の一切合切も売り払ってつくった500万円を元手に、CSKを創業。当時42歳だったから、決して若くはなかった。

創業当初は、相当苦労をされたようだ。人材派遣という業態が一般化するかなり前のことだから、銀行に行ってもまともに取り合ってもらえず、お客に苦労し、人材に苦労し、お金に苦労したとおっしゃっていた。この原体験が、お得意先を大切にし、従業員を大切にし、十分すぎるくらいの資金を常に用意しているという、その後の慎重な経営姿勢に表れているように思う。

大川さんの事業家としての凄みは、慎重な経営を徹底しながら、「ここぞ」という局面で大胆な投資をする胆力だろう。1980年にCSKを店頭公開されて以降、破竹の快進撃を続けた。1985年にはCSKを東証一部上場。1984年にセガを買収し、1990年には東証一部上場。さらに、1994年にベルシステム24を買収すると、1999年に東証一部上場を実現させる。

こうして、大川さんは、昭和・平成期のベンチャー創業者として、最大級の名声を確立された。大企業の経営者とはまったく異なる叩き上げの大商人の風貌で、当時の経済界で異彩を放っていた。強烈な個性をもつ人物だった。

「特命担当」秘書役としての仕事

僕は、その大川さんの補佐をすることになった。

生まれて初めての秘書役。いつも夕方に電話がかかってきて呼ばれる。そして、指示された特命事項に対応した。重要な仕事から雑用まで、「えーっ」とひっくり返りそうになるような無茶振りもあったが、僕は、大川さんの〝奴隷〟になる覚悟を固めていたから、「はいはい」と何でも言うことを聞いた。

やってみると、それが楽しかった。僕の人生で初めてのボスだ。そのボスに喜んでもらうことが、こんなに楽しいものなのかと思った。ずっと「お山の大将」だった僕には、ちょっとした発見だった。

例えば、こんな感じだ。仕事でヨーロッパにご一緒したときのこと。どこかの街に着くと、大川さんは必ず指令を出された。

「この街で一番うまいレストランを探してきてや、値段はいくらでもええから」

僕が何度も訪れている街なら、それほど悩まずにすむのだが、詳しくない街でそう言われると、なかなかたいへんだった。ホテルの人に聞いて、買い物をしたお店で情報を集め、「この街で食事をするならここしかない！」というレストランを見つけ出していた。しかし、そういうお店はたいていすでに予約で満席になっている。

「お店は見つかったんですが、予約がいっぱいで席が取れませんでした」

しかし、大川さんはそんなことでは納得しない。

「いっぱいでも、なんとかするんや。予約、取ってこい！」

最初のうちは言われるたびに、頭を抱えていた。しかし、何度かそういう経験をすると、なんとか方法を見つけ出すもので、あの手この手で席を確保していた。

「うちのお祖父さんがいま、この街に来ていて、どうしてもおたくでご飯が食べたいと言っている。お祖父さんは78歳で、これが最後のヨーロッパになるかもしれない。どうかお願いだから、入れてくれ」

一生懸命お願いすると、「そうか」とみんな入れてくれた。

一事が万事こんな感じだった。いつもこの調子だから、たいへんだったし疲れもしたが、大川さんが喜んでくれるのが嬉しかった。要するに、僕は大川さんのことが好きだったんだな、と思う。

「50億円」を現金で寄付する男

大川さんの間近で、大商人の凄腕も学ばせてもらった。

僕がお手伝いしたなかで、一番大きなプロジェクトは、MIT(マサチューセッツ工科大学)に「大川センター」をつくるというものだった。

きっかけは、世界的に有名なMITメディアラボを設立したニコラス・ネグロポンテ教授から「メディアラボを増築したいんだが、出資者を探している」と相談されたことだった。僕は考えた末に、大川さんに寄付をお願いすることにした。1998年のことだ。

寄付の交渉は、僕が通訳した。

ニューヨークのセントラル・パークにある大川さんのマンションで交渉が行われた。

ＭＩＴのネグロポンテ教授とチャールズ・ベスト学長は、「5年間、毎年７００万ドルずつ合計３５００万ドル（約50億円）の寄付をしていただきたいのですが、いかがでしょうか？」と低姿勢でお願いした。すると、大川さんはあっけらかんと即答した。

「わし、もう、決めとんや。寄付するわ」

「ありがとうございます！」

「だけど、これから先、何が起こるかわからん。わしが死ぬようなことがあったら、あとのやつがいややと言うかもわからん。面倒くさいからいっぺんに全部あげるわ」

これには、ＭＩＴの二人はもちろん、その場にいた全員が心底びっくりした。３５００万ドルもの大金をいきなり現金で払うなど普通ではありえない。だけど、大川さんは平然としていた。

あっという間に「10億円」を値切る交渉力

本当にすごかったのは、ここからだった。

みんなが、びっくりしている時に、大川さんは唐突にこう言ったのだ。

「ところで、あんたらの大学は資金をどれくらいの利率で回しとるんや？」

「25％です」

「立派なもんやな。ほんならな、今年投資したら利子がつくやんか。だから3500万ドルもいらんよな？」

向こうはギクッとしてた。そこに大川さんは畳みかけた。

「いっぺんに払ったるから、その分、まけたらどうや。25％で回しとるなら、2500万ドルで十分やろ」

これには相手も焦って、いろいろ反論したけれど、結局、2750万ドルで決着。あっという間に750万ドル（約10億円）を削ったわけだ。叩き上げの大商人にすれば、学者相手にお茶の子さいさいの交渉だったのだろう。


それで、大川さんの気持ちが変わらないうちに契約書を書こうということになって、大川さんのプライベート・ジェットで、ボストンのMITに飛ぶことになった。

移動中も交渉は続いた。最終決着したのは、ニューヨークから出発する直前、空港の待合室だった。ジェットに乗り込むと、MITの二人は顧問弁護士に電話をかけて、手続きに必要な書類の準備をしていた。一方、大川さんは、東京の経理担当者に電話をして、お金の用意をしていた。

「どっかの口座にお金、あったやろ。明日、MITに2750万ドル、振り込むようにしてくれ」

あれは、なかなか見れないシーンだった。

翌日、MIT創設以来、日本からの最高額の寄付2750万ドルが無事に振り込まれ、MITは大騒ぎになった。大川さんは、それを横目に見ながら、こう言った。

「お金も払ったし、もうええわ。終わりじゃ。証文なんてええから、みんなでご飯に行こう。英語しゃべるのいややから、今日は内輪だけで和食にしよう。そうだ、カニ食いに行こう、カニ！」

豪快な大川さん。元気だった大川さん。懐かしい思い出だ。

ビル・ゲイツに「説教」した男

大川さんとビル・ゲイツの交渉にも立ち会った。

セガとマイクロソフトは、ゲーム機「セガサターン」の後続機種にウィンドウズを使うための交渉を続けていた。しかし、なかなかラチがあかないので、大川さんはビル・ゲイツとの直接交渉に乗り出したのだ。その交渉を、僕は何度か通訳したが、実に迫力のある交渉だった。

何度も交渉を重ねるうちに、それぞれの意見や個性がぶつかることが何度もあった。

「あんたの仕事の仕方はおかしい」

「ビルさん、こんなふうにしてみたらどうか?」

大川さんは、ビルに何度もそう言っていた。大川さんにそう言われると、ビルはいつも苦虫を噛み潰したような顔になる。怒ったような顔をすることもあった。僕はなんとも思わなかったけれど、おそらく周りにいた人は冷や汗たらたら、心臓ドキドキだったのではないだろうか。

日本の経済人で、ビル・ゲイツに真正面から意見をはっきり言っておられたのは、大川さんとNECの関本忠弘さん、ソニーの大賀典雄さん、松下電器の城阪俊吉さんだけではなかっただろうか。しかし、喧嘩一歩手前までいったのは大川さんだけだったと思う。何回か両方が席を立つこともあった。

「シアトルまでわざわざ会いに来たのに、なんじゃそれは。わしはいやや、帰る」

大川さんのその言葉を僕は淡々と通訳し続けたのを思い出す。怒っている二人の通訳は、さすがに辛かった。

あるとき、かなり投資のかかるプロジェクトが議題になったことがある。やりとりを進めているうちに、大川さんがビルにこう言った。

「ビルさん、あんたなぁ、金ばっかり儲けてはるけど、刈り込みをするだけがビジネスなわけやないよ。種を撒《ま》かんと、花は咲かんよ。実もとれまへん」

教え、諭すような口調だった。つまり、赤字覚悟でハードウェアを最初にたくさんばらまかないと、ソフトウェアを売る商売はできないということを、大川さんは話されていたのだ。

「なるほど」

この時だけは、ビルは神妙な面持ちで、メモを取っていた。

第17章 撤退

帝に仕える「占い師」

僕は、大川さんの〝奴隷〟だと腹をくくっていた。

そして、たしかに、理不尽とも言える特命事項を処理させられたこともあったし、アゴで使われるようなこともたくさんあった。だけど、実は、大川さんに頼りにしてもらえることも多かったと思う。

何か重要な決定事項があったり、新しいプロジェクトを始めたりするときには、しょっちゅう呼び出されて、意見を求められた。

「西、どう思う？」

「これこれこうでこうじゃないですか？」

「そうか」

そんな打ち合わせを何度もさせていただいた。社外で大事なスピーチがあるときには、「西、スピーチ書いてくれや」と頼まれたし、「この本読んで、内容を教えてくれ」と言われたこともある。社内外の人物の名前を出して、「お前はこの人のことどう思っとる？」と人物評価を求められることも多かった。

大川さんと僕を知る秋元康さんは、こんなふうに語っている。

「多分ね、西さんは本当の意味で大川さんのブレーンだったと思う」

「多分、あれだけ大きな企業の総帥になると孤独なんですよ。そして、大川さんといえども判断に不安がものすごくあるんですよ。だから、西さんはある種、帝《みかど》に仕《つか》える占い師みたいなものだったんでしょうな」

そこまでのものだったかは、ちょっと自信がないが、さすがは、秋元康。褒め方がうまい。

大川さんのサポートをするのが僕の役割だったので、言われたことには「はいはい」と従い、頼まれたことには全力で応え、命令には絶対服従をした。

ただし、意見を求められたときには、たとえ大川さんの意見とは違っていても、自分の考えをストレートに伝えた。時には、僕の生殺与奪を握る大実業家に対して、「それは違うのではないか」と食ってかかってしまったことも何度もある。

数えていくと片手を越えて、両手を越えるほどの静かな対立があった。今思えば、生意気千万なこともしたが、求められたのは「僕の意見」なのだから、曲げて伝えるのは間違っている。むしろ、そうするのが、本当の意味で大川さんをサポートすることだと思っていた。

そして、どんなに意見が違っても、大川さんは、面と向かって「お前は間違っている」と否定するようなことは一度もされなかった。

いつもメモを取られて、何度も何度も「もう少し詳しく説明してくれ」と僕の意見に耳を傾けてくださった。だからこそ、僕の出した意見とは違う方向性を会社が選んだときでも、僕の心のなかで、大川さんやCSKとの関係が破壊的にならないで済んだのだと思う。

効率的経営VS創造的経営

そもそも、大川さんと僕とでは、ビジネスに対するスタンスが根本的に違っていた。

大川さんは、企業経営で成功する最速の方法は、いいビジネスモデルをもっているけれど儲かっていない企業を買って、そこに徹底的に経営資源を注入して、育て上げることだと何度も僕に繰り返された。

それに対して、僕は、たしかにそれが最速かもしれないが、買ったもののペンキを塗り替えて、たくさんのお金を注射して、株式の過半数以上を持っていたとしても、それはどこまでいっても〝他人のもの〟ではないかと主張した。

もちろん、大川さんも譲らない。

「わしは会社をゼロからつくることをCSKでやった。しかし、そんなことしてたら時間がいくらあっても足らへん。お前みたいに自分でつくるということにこだわってたら、会社はちっとも大きくならんぞ。会社の数は全然増えないぞ」

この「時間が足りない」ということは、70歳をすぎて、ご高齢になっていた大川さんにとって切実な問題だったことは事実だ。その大川さんの思いは、64歳になった今の僕の胸にも迫るものがある。ただ、僕は、大川さんは、本来的に「効率的な経営」がお好きだったように思う。

ニューヨークのアパートでの象徴的なエピソードがある。

セントラルパークのそばに、大川さんのアパートも僕のアパートもあった。大川さんのお住まいはほぼワンフロア全部使ったアパートで、そのアパートを売り出すときにつくられた最高のモデルルームを居抜きで買って、そのままお使いになっていた。MITとの交渉など、重要な交渉がいくつも行われた場所だ。

一方、僕はバルコニーがついていることにこだわり、もっと小さいサイズのアパートを買って、ニューヨークに行くたびに、壁を全部ひっぺがして、自分の思うような内装のデザインを少しずつ進めていた。

僕のアパートを見に来られた大川さんは、「お前はいいなぁ」と言いながら、「でも、早く使わなければ宝の持ち腐れじゃ」とおっしゃっていた。

冗談めかしていたが、そこには本音がこもっていたように思う。やはり、自分の手でコツコツとつくるよりも、効率的に必要なものを手に入れるのがお好きだったのだろう。もちろん、経営にはどちらの要素も必要なのであって、二人の指向性が異なっていたというだけのことだ。

ただ、「壁までひっぱがして、ゼロから全部デザインすることに挑戦するのが、お前の立派なとこやなぁ。これからの経営はお前のように創造的でなくてはならん」と言ってくださったのは嬉しかった。

「次世代ゲーム」戦争

晩年の大川さんが、その全てを捧げたのがセガの家庭用ゲーム機だった。

このゲーム機に関しても、僕は何度も意見を求められて、「お前の言うとおりだ」と背中を押してくださったこともあれば、意見が対立することもあった。このとき、大川さんは、僕がもっているコンピュータやインターネットの未来ビジョンや、創造的なアイデアを求めてくださっていたのだと思う。


当時、家庭用ゲーム機は三つ巴《どもえ》の激しい戦いを繰り広げていた。

1994年に発売されたセガの「セガサターン」、ソニーの「プレイステーション」、そして、1996年に発売された任天堂の「NINTENDO64」だ。そして、「セガサターン」も国内580万台、世界926万台の実績を残したが、圧勝したのは「プレイステーション」だった。国内1900万台、世界1億240万台を記録して、圧倒的なトップシェアを築き上げていた。

そして、僕がCSKに入った頃、セガは、1998年11月27日に発売される「ドリームキャスト」の開発に取り組んでいた。

このゲーム機をなんとしてもヒットさせることで、起死回生を図るのが至上命題だった。いや、それができなければ危なかった。ハードの開発には膨大な投資が必要だから、もしも「ドリームキャスト」が失敗に終われば、セガの経営に深刻な打撃がもたらされることが確実な状況だったのだ。

〝負ける製品〟を予定通り出すことに意味があるか？

当時の僕は、実権ゼロのアスキー平取締役。大川さんの特命担当秘書の立場だった。

しかし、実は、僕は「セガサターン」を発売した頃から（アスキー社長としてリストラに励んでいた頃だ）、大川さんに「どうしたら勝てるか？」と相談を受け、「セガサターンのインターネット化」などの提案をしていた。

そして、アスキーに出資してもらうことが決まって、「お前もうちのもんになったのだから、意見を言え」と言われて、僕は、「ドリームキャストには絶対にＤＶＤが必要である」という提案書を出した。ＤＶＤが入っていれば、一台の機械でゲームと映画を楽しむことができるからだ。すでにＤＶＤの映画ソフトがあるから、ゲームソフトが出揃うまでは安いＤＶＤプレイヤーとして売ることができると考えた。

当時、最大のライバルであったソニーは「プレイステーション２」を開発していると言われていたが、その機能については何もわかっていなかった。しかし、ソニーはＤＶＤを提案した会社なのだから、必ずＤＶＤを入れてくるだろう。だから、ＤＶＤがないとソニーに負けると主張した。

大川さんは、「そうだなぁ」と納得してくださって、「セガの社長によく話をするように」とおっしゃった。しかし、セガの回答は、「DVDをつけるなら1998年末の発売に間に合わない。アイデアはわかるけど、もう手遅れ」ということだった。僕は間違ってると思った。〝負ける製品〟を予定通りに出すことに意味があるか？　だけど、僕は立場上、引き下がるほかなかった。

「セガで好きなことをやってみろ」

1998年11月27日に、「ドリームキャスト」は発売された。年末商戦では、ゲーム業界全体で新製品が少なかったため、「年末までに100万台は売れる」と判断。セガは、100万台の生産体制で大勝負に出た。しかし、「プレイステーション」の牙城《がじょう》は堅かった。予想したほどの反響は得られず、起死回生の一発とはならなかった。

セガ社内では、すぐに「ドリームキャスト2」についての話し合いが始まった。

僕も、大川さんの補佐という立場で、それには深くかかわった。「いっぺん、お前の究極のコンピュータを作ってみろ。セガで好きなことをやってみろ」。大川さんは、そう言って僕の背中を押してくれ、みんなにも「西の言うようにしてやれ」と言ってくださった。

僕の提案はこうだった。

「ドリームキャスト」の価格プラス1万円でDVD－Rをつけて、さらにプラス1万円でメモリーを増やして、ゲームが遊べて、DVDが高品質の映像と音声で観られて、しかも、テレビにつないだらパソコンとしても使えるマシンを作る。

最大のポイントは、テレビにつなぐことができるパソコン、という部分だ。その後、ハードディスク・レコーダーが売れて、インターネットで番組案内サービスが行われるのが当たり前の時代になったが、僕がやろうとしたのはそれだった。

「ドリームキャスト2」をテレビにつなぐと、各チャンネルの番組表が表示され、番組表をクリックするとその番組が映し出される。さらに、「ドリームキャスト2」に容量の大きなハードディスクをつないだら、その番組も録画できる。ＤＶＤ－Ｒに書き出すこともできるものにしたかった。女性を取り込むためには、テレビにつなぐパソコンとしてアピールするのが一番いいと考えたわけだ。

ハードウェアVSソフトウェア

しかし、なかなか方針は定まらなかった。

１９９９年に入ると、セガの経営は危機的な状況へと突入した。

「いまセガは大いなる危機を迎えている。杜撰《ずさん》な経営をやってきた。利益の増減と経費の関係をチェックすると、一番よかった１９９３年の３０００人で５５０億円の利益を出していたときと、一番悪かった１９９９年の４０００人のときを比べると、経費がまったく減っていない。悪いときはそれに準じて経費も落とさなければいけない。何をやっていたのか、経営が全くわかっていない。

株価はよいときから15％になった。１３００億円のＣＢ発行で海外投資の無駄遣いをした。企業文化の否定からしなければいけない。生きた金を大事に使ってやれば、金は集まってくるというのが経営の原則だ」

これは、1999年8月7日に大川さんが語ったのを僕がメモしたものだ。非常に強い危機感をもっておられた。しかも、この頃には、ソニーが「プレイステーション2」を2000年3月までには発売することがわかっていた。早急に対策を練らなければならなかった。そして、大川さんは、それまでセガの社長に経営を任せていたが、「セガは大川が自分で直接やる」と決心された。

大川さんのご意志を受けて、僕は、9月20日に、「ドリームキャスト2」と「ドリームキャスト3」を提案。前回の提案をバージョン・アップしたもので、セガ一社で戦うのではなく仲間と組むことなども盛り込んだ。そして、この提案を受けても、何もしないのであれば、ハードウェアからの撤退も考える必要があると訴えた。

実は、大川さんはハードウェアからは早く撤退したいとお考えだった。

これは、僕との対立点でもあった。僕は、ハードウェアとソフトウェアの両方を手掛けてきたエンジニアとして、ハードウェアから撤退してはならないと考えていた。

しかし、大川さんの口癖は「わしらはソフトウェア屋や」というもの。「ビル・ゲイツでもX－Bｏｘのハードウェアでなんぼ損するかわからん。わしらはソフトウェア屋や。さっさとやめよう」といつもおっしゃっていた。

なぜ、大川さんはソフトウェアにこだわったのか？　おそらく、大川さんは、すべてのものは変わると思っておられたのだと思う。世の中が変わる。お客様の好みが変わる。それについていくのに一番いいのはソフトである、と。

もちろん、それは一理も二理もある。しかし、ハードウェアのプラットフォームを握ったものが、ソフトウェアを握るのも現実だ。だから、僕は「勝てるハードウェア」を作るべきだと考えていた。しかし、それができないのであれば、ハードウェアからは撤退すべきだと主張したのだ。

大川さんは、僕の提案を聞いて納得してくださった。

「わしはハードは嫌いやけどなぁ……。でも、お前の考えたそれは、面白いなぁ」

何度もそう言っておられた。そして、この提案がきっかけとなって、2000年1

月に、僕はセガの社長補佐（権限ゼロだが）ということになって、「セガでドリームキャストのテコ入れをせよ」と命じられた。

「セガを立て直してから、次はアスキーだ」

「もう一回アスキーやらしたるから、いまは雑巾がけして、その準備や」

そんな大川さんの言葉が、心の支えだった。

「感動」のないプロジェクトが、成功するはずがない

しかし、結局、僕の提案を実現することはできなかった。

なぜか？　「ドリームキャスト」はあくまでもゲーム機でなければならない、と僕の提案に全面的に反対した人たちがいたからだ。僕の提案は、ゲームもできる家庭用パソコンというもの。根本的な思想が違ったのだ。

それ以外にも、難しい問題がたくさんあった。たとえば、ＣＳＫとセガの企業文化の違いだ。ＣＳＫの人たちは、事業計画を立てて、その計画通りに実行するというの

が仕事という思想をもっていた。しかし、その思想はエンターテイメント・ビジネスにはあてはまらない。

エンターテイメント・ビジネスは結果が読めない不確実性に満ちた領域だ。金をかけてつくったものが全く売れず、低予算でつくったものが爆発的に売れることもある。「計画通りにする」という思想は、エンターテイメントの領域では通用しないのだ。

要するに、CSKの幹部はゲームのことが嫌いで、セガの幹部はコンピュータのことが嫌いだったということかもしれない。そして、両者の齟齬《そご》は最後まで埋まることはなかった。


僕が何よりも否定的だったのは、「金の勘定」だけをする人たちだった。CSKには証券会社から移ってきた人もいたが、彼らの多くは「金」にしか興味がないように、僕の目には映った。

もちろん、「金」は大事だ。僕は、アスキーで「面白い！」「行ける！」という感動を起爆剤にして、金勘定を度外視するように事業を多角化して失敗した。そして、リストラのプロセスで、「実現可能性」「収益性」などを多面的にチェックする思考法を叩き込まれた。いくら「感動」があっても、「金」にならない事業はやらない、ということだ。

しかし、「金」のことばかりで、出発点に「感動」のないプロジェクトが成功などするはずがない。そんなものが、お客様の心に響くはずがないではないか。それは、「モノづくり」に対する冒涜《ぼうとく》だとすら思う。結局、そんなビジネスは失敗する運命にあるのだ。

対立・孤立・敗北

そして、僕は対立した。

気がつくと、孤立していた。

僕の提案は宙に浮いたまま消えていった。

大川さんには、こう諭された。

「経営者というのは悪いやつにも、嫌いなやつにも好かれて商売せなあかん。お前はすぐに顔に出すからなぁ……。お前がいつもニコニコしてたら、いい商売人になるよ」

ただ、あるとき、大川さんと二人だけで執務室に座って話をしていたとき、ぽつりとこう呟かれた。

「セガが元気になったら、もうわしは嫌いなやつとは一緒に仕事はしない。気の合う仲間と楽しく毎日を送りたいなぁ。アメリカにもヨーロッパにも山ほど行きたい場所もあるし、面白い人もいる。そういうのを訪ねていきたいんや」

そして、決定的な出来事が起こる。

2000年3月4日、ソニーが「プレイステーション2」を発売したのだ。

僕が予測したとおり、DVDが搭載されていた。無念だった。受け身で楽しむ映画ソフトと、自ら参加するゲームソフトの両方ができる「プレイステーション2」は、売れに売れた。最終的には、日本だけで2198万台、世界で1億5768万台を出荷。ゲーム機史上、最も売れたマシンになったのだ。

絶望的な状況だった。

最後の頼みの綱は、マイクロソフトが開発中だったゲーム機「X－BOX」との提携だった。大川さんはビル・ゲイツとの交渉に臨んだ。セガのもっているソフトウェアの力をアピールしようと、セガのカリスマ・クリエイターを全員連れて行った。僕も通訳として同行した。

行くも地獄、戻るも地獄

「X－BOXをやるんだったら、マイクロソフトが独自にやるんじゃなくて、セガと一緒に組んでやろう。マイクロソフトとセガで一緒にやったら、あとはソニーと任天堂になる。ソニーと任天堂とセガ・マイクロソフトという三つのグループだけになる。結構ええ線いくぞ」

大川さんは、そう言ってビル・ゲイツを説得した。
ビルは乗り気だった。しかし、マイクロソフトの担当者が首を縦に振らなかった。
交渉は不成立で終わった。後年、その人はマイクロソフトを辞めてしまったが、もしもあのとき違う担当者だったら……と今でもつい考えてしまう。

おそらく、このときには、大川さんはハードウェアからの撤退を考えておられたと思う。しかし、「行くも地獄、戻るも地獄」だった。攻めるには莫大な投資が必要だし、撤退するにも膨大な赤字補填が必要。実際、この頃、大川さんは、私財から500億円とCSKから500億円を拠出しなければならなかった。

あの時期、大川さんにのしかかっていたストレスは、想像を絶する。

そして、そのストレスは確実に大川さんの身体を蝕《むしば》んでいた。

第18章

負け犬

「わし、ガンなんや」

2000年の夏——。

僕は週末になると逗子に出かけて、ちょろちょろとウォーターバイクに乗っていた。夏の眩《まぶ》しい日差しを浴びながら、スピードを上げて突っ走り、沖に出て大海原にぽつんと一人で漂っているのは、とても気持ちよかった。時間の観念はなくなって、日常の煩瑣《はんさ》なこともその間だけはすっかり忘れてしまえるのだった。

ある日、いつものようにウォーターバイクで海に出ていたら、そのウォーターバイクを預かってもらっている事務所の人が海の上の僕を呼びに来た。

「会社の方から、ただちに連絡をするようにと、電話がありました」

こんなところにまで電話してくるには、よほどのことがあったに違いない。急いでテントに戻って、電話をかけた。

「もしもし、西です」

「大川会長が話があるとおっしゃってるので、すぐに帰って来てください」

「わかりました。でも東京に着くのは夜になってしまいますが」

「夜でもいいです。とにかく早く来てください」


東京に帰ってから、大川さんに会いに六本木のご自宅に伺った。

大川さんはいつもとは違う、静かな表情をされていた。

「どうされました?」

そう僕が訊くより先に、大川さんはこう言われた。

「わし、ガンなんや。いろいろ考えたけど、京都大学の免疫療法をやろうと思うから、君、京大の先生のところに頼みに行ってくれ」

東京に向かう途中、「もしかしたら、悪い病気にでもかかられたのかも……」と不安だったが、大川さんの言葉を聞いて愕然《がくぜん》とした。ショックだった。

大川さんは、淡々とご自分の病状について話された。医学の最先端のものから民間療法まで、あらゆるガンの治療法に関する本が、1メートル近い高さに積まれていて、メモもたくさん作られていた。

「いま、13センチのガンが食道にある。わしは切らないほうを選びたいし、抗ガン剤も使いたくない。免疫療法と放射線療法の二つでいきたい。放射線でガンを叩いて、免疫療法で転移を抑えようと思う」

あとでガンの専門家に聞いたら、それはプロがする正しい判断だと話しておられた。

見たことのないような「心細そうな顔」

大川さんが治療のために京都大学に行かれるときには、僕がご一緒した。

「今日は、祇園へ行くの、やめとこう」

京都に来ると決まって祇園に立ち寄られる大川さんだったが、採血が終わって休んでいる間に、そうおっしゃった。いつもと変わらないように振る舞おうとしておられたが、僕は気がかりだった。だから、そう言われて、ホッとした。静かに、穏やかに過ごしていただきたかった。

病院からはまっすぐ京都の別荘に帰られた。

別荘に着いて車を降りると、大川さんはそのまま庭の方へと入っていかれた。

「お前もちょっとついてこい」

大川さんは、どんどん庭の奥へと歩いていった。庭の一番奥には、観音様をまつったお堂がある。「セガ観音」といって、セガが上場したときに、セガの役員が大川さんに贈ったものだ。僕はそのとき初めて、大川さんがお経を上げるのを見た。お経を上げるのに慣れた人の、立派なお経だった。

お経をひとしきり上げると、大川さんはぽつりと言われた。

「お経って、効くんやろか」

「効くと思うたら、効くんとちゃいますか」

「そやな」

それまで見たことのない、心細そうな、不安そうな顔をしておられた。「効くんとちゃいますか」という一言で、少しだけホッとした表情をされた。子どものように素直で、正直な方だ、と思った。

翌朝、僕は何種類ものジュースをつくって、大川さんに飲んでもらった。ジュースだったら飲み込む時の痛みも少なくて済むし、たっぷり栄養が摂れると思ったからだ。その後も、機会があるたびに、大川さんにジュースをつくって飲んでいただいた。

「朝から晩までジュースばっかりやな、なぁ、ジュース博士」

当時、僕は、大川さんに〝ジュース博士〟と呼ばれていた。大川さんが「うまい、うまい」と言って、僕が考えたジュースを飲んでくださったのが、嬉しかった。

なんでも自分で決める「事業家魂」

9月の上旬から約1ヶ月半、大川さんは毎週2回、免疫治療を受けられた。放射線の治療もされた。そうしたら11月には、13センチあったガンが綺麗になくなった。大川さんはすごく喜ばれて、来る人ごとに胃カメラの写真を見せておられた。

「ほら、なくなったやろ」

嬉しさと安心感に溢れた笑顔だった。

ところが、このとき、大川さんは免疫治療を週1回にしようと言い出された。治療そのものにそれほど時間がかかるわけではないのだが、治療のためにオフィスを離れたり、治療のあとに高熱が出て、その間、思うように仕事ができない。そのことが大川さんは嫌になっていたようだった。「セガをちゃんとやるんや」と意気込んでいた時期だったから、なおさらもどかしかったのだろう。

しかし、たとえガンが表面からなくなっても、食道壁、胃壁、腸壁の細胞が全部新しく替わるまでは、どこにガン細胞が潜んでいるかわからない。ひとつでも潜んでいたら、そこからまたガンになってしまう。

だから、食道の細胞がすっかり新しく入れ替わるまでの3～4ヶ月の間は、ずーっとガン細胞を叩くような免疫活性化をしなくてはいけなかった。しかし、それをどんなに説明しても、大川さんは聞き入れられなかった。

「治ったから、もうええんや」

大川さんと主治医たちの関係は、普通の患者と医師の関係ではなかった。医師が治療法を決めて患者に指示を出すのではなく、大川さんが自分で治療法を決めて、医師に指示をしていた。だから、大川さんに「ええからええんや」と言われると、医師としてもそこで引き下がらざるを得なかったのだ。

僕も説得しようとしたが、聞き入れてはもらえなかった。心配でならなかったが、なんでも自分で決める大川さんの真骨頂《しんこっちょう》でもあった。「事業家魂」を見せつけられたようにも思う。

生涯忘れることのできない「言葉」

そして、11月末、無情にも、ガンは再発した。

このとき、大川さんはなぜか、あれほど嫌がっていた抗ガン剤治療を受け始めた。免疫治療も続けようとしたのだが、抗ガン剤の副作用で身体の免疫も低下してしまって、免疫治療もできない状況になってしまった。

僕は、抗ガン剤を使うことに大反対していたので、もどかしい思いだった。年末にお会いしたときには、それなりにお元気そうだったが、年が明けると肺炎で入院されてしまった。

入院中は、よくお見舞いに通った。

僕が顔を出すと、必ず、「きみ、ありがとう」とおっしゃった。

最初の頃は、少しゆっくりお話することができた。まだ、声が出て元気なときに、たまたま病室で二人だけになることがあった。そのときに、大川さんにいただいた言葉は、生涯忘れることができない。今も肝に命じている。

「お前、いまは景気が悪いから動くな。勉強せい。景気がようなったらまた好きにやれ。周りの人がいろんなときにどう動くかよく見ておけ。お前はいままで殿様しかしてこなかったから、みんなのところまで降りていって仕事をすることを学ばなければいかんぞ」

「お前、世の中は悪いやつばっかりや。お前は人がいいから、すぐに信じて突進する。前に進むときに右と左を見るだけじゃなくて、ちゃんと後ろも見ないとダメだぞ。そうしないと悪いやつが後ろからやってきて、やられるぞ」

「お前は経営はもうやめとけ。アスキーの社長に戻りたい気持ちはよくわかる。景気がよくなってきたら、戻してやってもいいぞ。でも、お前は経営者をやるより、学者をやったほうがええんとちゃうか。

学者といっても、ただの学者と違うで。大学の経営をやるんや。わしは今の日本の情報教育が、アメリカに負けているのが悔しいのや。

会社の経営は代わりにやってくれるやつがたくさんおる。そやけど、お前の代わりはおらんぞ。日本の実業の役に立つ、生きた情報教育を行う超一流の大学をつくることができるのはお前だけや」

「わしが見るところ、アスキーは学校みたいな雰囲気をもった不思議な会社やったぞ。元アスキーのやつがあっちにもこっちにもうろうろしている。みんな、お前のことは嫌いや言うけど、アスキーのことは好きやったと言いよる。

お前が社長でちょっと厳しくやったから嫌われてしまったかもしれへんなぁ。そんなん、うまくやれよ。お前が社長をやってたときのアスキーのことが好きだったという人の話を聞いて、わしはお前は教育に向いていると思ったんや。

今から準備をしとけよ。わしが元気になって、セガが元気になったら、お前の次の仕事はアスキーの社長ではなく、大学の創設じゃ。そっちのほうがええやろ。わしはそれがお前に一番向いてると思ってるんや」

大川さんは、一生懸命に僕に伝えようとしてくださった。

どういうわけか、お別れを言われたような気がして、涙が止まらなかった。大川さんも泣いておられた。生まれて初めて大川さんの涙を見た。僕の目はうるうるになって、鼻もぐしゃぐしゃになって、僕は「はい」と返事することができなかった。僕は大川さんの前で、頭を前に振って、うなずくばかりであった。素直な気持ちになって、何度もいただいた言葉を噛み締めた。この文章を書きながら、また涙が出た。

「生まれるときも裸、死ぬときも裸」

入院しているこの間も、大川さんは経営の舵取りを続けられていた。

どんな思いでおられたのか、僕には想像もできない。

僕は以前、セガの経営について大川さんと意見が対立したことがあった。セガの株式が最高値をつけていたときのことだ。大川さんの持ち株は数千億円に膨らんでいた。僕は「いまこそ売って逃げるべきだ」と申し上げた。「セガの株を売って、これからは通信の時代だから、そっちの会社の株を買ったほういいですよ」と。

しかし、大川さんは、決して首を縦に振らなかった。僕の言うとおりにすれば、確実に儲かるのに……。なぜなのか、僕には真意をはかりかねた。

そして、大川さんは病床で、驚くべき決断をされた。

セガのハードウェアからの撤退を決めるとともに、ご自分の所有する有価証券と金融資産のすべて、総額850億円をセガに贈ることを決断されたのだ。弁護士が書類を用意して、第三者の証人として、たまたまそのとき廊下を歩いていた医師が招かれて、大川さんの意志を確認したという。

大川さんは、いつも「生まれるときも裸、死ぬときも裸」とおっしゃっていた。

「わしは、自分の息子に会社を継がせようとは思うとらん。子どもには十分な金を残してやったけど、あとは自分でやったらええ。残ったお金は死ぬまでに全部使い切って死んでやる。一文なしになって、裸でわしは死ぬぞ。おぎゃーと生まれたときも何も持ってこなかった。ころり逝くときも、モノは何もあの世に持っていけんやろ」

その言葉どおりに、生きられたわけだ。

壮絶な決断だったと思う。

「お金は使って初めて温かいものになる」

そして、僕は思った。

大川さんは、事業家であるとともに投資家だった。しかし、大川さんのように、「投資をしてもらってありがたかった」と、投資してもらった人が心の底から思っている投資家は珍しい、と。

本来、投資家とはクールなものである。ダメならば切って捨てる。僕はたくさんの投資家と呼ばれる人たちに「NO」と言われては切って捨てられた。その中で、大川さんだけは違った。僕に不十分な点があっても、僕に弱いところがあっても、僕に力の及ばない点があっても、「しゃあないなぁ」と苦笑いしながら、お願いしたことをサポートしてくださった。それは、できる父親とできない息子の関係に似ていたかもしれない。

「お金は使うまでは冷え冷えしたもので、使って初めて温かいものになる」

これも大川さんの言葉だ。大川さんは、ビジネスの「数字」には非常に厳しい人だったけれど、その根底には、常にこの思いがおありだったと思う。セガの株を決して売ろうとせず、それどころか、最後にはすべての私財を注ぎ込まれたのも、そのような思いがおありだったのだろうか。その奥底に込められた思いは、僕にはいまだにわからない。

アスキー復帰への「望み」は完全に断たれた

セガのハードウェアからの撤退を公表したのは、2001年1月29日だった。

2月に入ってから、大川さんは鎮静剤の影響でずっと寝ておられることが多かった。

何度もお見舞いに伺ったが、意識が朦朧《もうろう》としてまともに話をすることはできなかった。

そして、3月14日、僕は大川さんに会いに行った。大川さんはICUに入っておられた。血圧は上がったり下がったりしていて、心拍数は120だった。それは、マラソンをやっているのと同じだ。その状態がすでに1ヶ月近く続いていると聞いて、僕は覚悟した。しんどかっただろうと思う。偉いなぁ、と思った。

そのときに大川さんは、泣いておられた。

なぜ、泣いておられたんだろう。まだまだやらなくてはいけないことがたくさんあるのに、こんなになって悔しい。わしは、こんなんでは死ねないと思ってらしたのではないだろうか。

大川さんに泣かれたら、僕も泣いてしまう。目から涙が糸のように落ちた。涙が止まらなかった。鼻がグズグズいった。一生懸命助けようと、みんなで頑張ってきたのに、力が及ばずに治らない……。その悔しさ、その悲しさ、その辛さ。

それが最期のお別れになった。

亡くなる前々日だった。

これで、僕の居場所はなくなった。

2002年には、僕はすべての役職から退任した。

新たにCSKの社長になった人物は、アスキーの株式を投資ファンドに売却し、CSKはアスキーの経営から撤退した。「もう一回アスキーやらしたるから、いまはその準備や」という大川さんの言葉を支えに生きてきたが、もうその望みは完全に断たれたのだ。

自分が創業した会社を追われるというのは、非常に悲しいことだった。30歳でマイクロソフトと訣別したことに続く、45歳での大きな蹉跌《さてつ》だった。世間からは、「負け犬」と思われたに違いない。

僕が一番つらかったこと

ただ、一番つらかったのは社長を辞めたことでも、株が紙切れになってしまったことでもなかった。

CSKから占領軍がやってきて、僕たちのやっていたプロジェクトを次々と潰していったことである。東大法学部卒の人物が「自分はコンピュータのことも何でも知っている」と言いながら、全部潰していった。

彼が潰したのは、ソフトウェアよりもハードウェアとシステム開発のプロジェクトの方が多かった。１００以上あった。その中には、大きな「可能性」を秘めているものもたくさんあった。大川さんも、決して「全部潰せ」という指示はしていなかったと思う。

僕は、そのかけがえのない「可能性」を、よくわかりもしない人物に全て潰されたことが、それに抗する力を僕が失っていたことが、つらかった。許せなかった。その恨みの感情は、僕をずっと苦しませた。

その後、大川さんの言われたように、大学の教員になって東工大やＭＩＴや国際大学や国連大学で教えても、プロジェクトを潰された傷は癒えなかった。十数年務めた尚美学園大学の芸術情報学部で文系の諸君に情報とメディアを教えても、なにか空しかった。

還暦を前に、「そうだ、エンジニアに戻ろう」と東京大学に職を得、ＩｏＴメディアラボラトリーを任せてもらって、初めて自分の作りたかったもの、自分のしたかったこと、会社と共同して開発をすることなどができるようになって、とても嬉しい毎日である。これは、アスキーで無情にも潰された「夢」の続きでもある。ようやく、あの頃の「心の傷」が癒される感覚を覚えている。

東大の定年は65歳なのであと2年弱ある。今になって問題を起こして、喧嘩して大学を辞めるということはもうないだろう。自分の人生で初めて円満退職するのだ。そのとき、アスキーを「暴力的な大赤字」という不名誉で追われた僕の心の傷は、完全に癒されることになると思っている。

終章

再生

「俺は、負け犬じゃない」

負け犬——。

大川さんが亡くなって、創業したアスキーから追い出された頃、すべてを失った僕を世間はそう見なしていた。少なくとも、僕は、自分がそう見られていると思った。そんな状況のなか、「違う、俺は負け犬じゃない」と自分の心を支えてくれたものがある。2000年に工学院大学大学院で取得した博士号だった。博士号があったから、僕はなんとか自分を保つことができたのだ。

博士号を取るきっかけは、アスキーの社長だった頃に、政府の審議会委員を依頼されたときのこと。30歳を過ぎた頃のことだ。

審議会委員に就任するにあたって、求められて履歴書を出したのだが、事務局から「書き直してほしい」という連絡があった。

「西さん、最終学歴に『早稲田大学理工学部中退』とありますが、中退というのは最終学歴にならないんです。『甲陽学院高校卒業』に書き直してもらえますか」

「わかりました……」

顔が真っ赤になるほど恥ずかしかった。

もちろん書き直して、再提出したが、「お前は高卒じゃないか」とバカにされたような気がした。今だったら、「高卒の何が悪い？」とビクともしなかったと思うが、当時はまだ繊細だった。だから、侮辱されたような気持ちになった。


それで、僕は、すぐに知り合いの早稲田大学の教授を訪ねた。

「早稲田大学の大学院に入りたいんですけど、入れてもらえるでしょうか？」

「いいですよ。教務課で手続きしてください。試験しましょう」

後日、僕は早稲田大学理工学部の教務課に向かった。学生だった頃のように、山手線の新大久保駅から大学のキャンパスまで歩いた。懐かしかったし、「また、あの頃のように大学に通うのか」と思うと、足取りは軽かった。


ところが、教務課は冷たかった。

「あなたは除籍になっていますね。大学を卒業していないとなると、うちの大学院に入るのは無理ですよ。8年在学していますから、大学にも今さら戻れません」

なんか、血の気が引いたよ。「えーっ、そんな殺生な……」と思ったけれど、どうにもならない。それで、「先生ならなんとかしてくれるかも」と思って、近くにあった公衆電話で電話をかけた。しかし、「それはしょうがないな。僕はてっきり、西さんは卒業しているものだと思い込んでました……」と言われて、ジ・エンド。新大久保駅までの帰り道は、涙が頬を伝って止まらなかった。テクテク歩いて夕陽が悲しかった。

「教える」ことは「学ぶ」こと

だけど、僕は諦めなかった。

どうしても大学に戻りたい。そう思った僕は、今度は、東京工業大学の助教授をされていた広瀬茂男先生に相談に行った。

「早稲田の大学院には入れなかった。東工大の大学院に、なんとか入れてもらえませんか？」

話を聞いた広瀬さんは、僕を学部長の木村猛先生のところに連れて行ってくれた。学部長の口から出てきたのは意外な言葉だった。

「あなたの経歴なら、うちの大学院に入るより、うちで講師をしたほうがいい。やってみませんか？　10年間続けたら、博士号も取れると思いますよ」

やっぱり、図々しく押しかけてみるもんだ。「学ぶ」ことばかり考えていて、「教える」側に回ることは思いもよらなかった。「自分に教えられるかな？」とも思ったが、ありがたくお受けすることにした。

それで、1990年4月から、非常勤講師として週に1コマの講義をもつようになった。「マルチメディア概論」という講座名で、それまでに自分が行ってきたマルチメディア関連の研究開発を体系的に整理するとともに、そこからエッセンスを抽出して学生に話した。

これがたいへんだった。10年間ずっとたいへんだったが、最初の3年くらいは特につらかった。教えることは学ぶことで、それが僕の成長につながったと思うのだが、逆に言うと、常に自分の未熟さ、知識不足、浅学と直面させられることでもあった。アスキーの経営が修羅場《しゅらば》に向かっていくなかで、これを継続するのはしんどかった。

だけど、学問をするのは座禅みたいなもので、俗世間から離れる効果もあった。精神安定剤だったかもしれない。アスキーで死ぬ思いをしていたときに、心折られることなく持ち堪《こた》えられたのは、学問をしていたからだと思う。

それに、このときに、インターネットを深く学び始めたことも大きかった。もともとコンピュータが専門だった僕が、インターネットの時代に自己変革できたのは、東工大で講師をしていたからだと思う。

コンピュータとインターネットは、まったく異なる世界だ。コンピュータで成功しても、インターネットに適合できなかった人は多い。僕がいま、コンピュータとインターネットの両方ができているのは、この時期に、インターネットについてしっかり勉強したからだと思う。ビジネスマンとしてのキャリアだけを考えれば、講師は「寄り道」だが、「寄り道」をしたからこそ活路が拓けたということだろう。

「世界でひとつだけのことをしている」という誇り

東工大の講師を始めて2～3年後、「研究生になりなさい」と言ってくださる方がいた。工学院大学の持田康典教授だった。僕が半導体をやったときに、ヤマハの専務として力を貸してくださった方である。

「教授になるには博士号が必要だよ。だから、工学院大学大学院の研究生になって勉強しなさい。10年くらいかかると思うけれど、やる気があるならしっかりやりなさい」

ありがたい話だった。

平日は仕事があるので、博士号の勉強は土日をあてた。朝から晩まで、みっちり勉強した。そのために、家族団欒と月に一回くらい誘われて出かけていたゴルフの時間を削ることにした。社長をしていると「緑の待合」の誘いは少なくないが、もともとそういうのが苦手だったので、「時間がないので行けません」と全部断ることにした。

だから、僕はゴルフができない。

博士論文を書くのには、ずいぶん苦しんだ。

一番苦しんだのは、何をテーマにするか、だった。学士と修士と博士とあるが、その違いは何か？　僕は、学士は「これから社会に出てプロになる」という決心だと思う。修士は「自分はプロである」という証明だと思う。そして、博士は「世界でひとつだけのことをしている」という誇りだと思う。そして、「博士」に見合う自分だけのテーマを見つけるのは、とても難しかった。

10年間のたうち回った末に、自分がやってきたことから見つけたのは、「音声や映像を圧縮する技術があれば、インターネットの通信速度が速くならなくても、インターネット上で通信も放送もすべて可能になる」というもの。要するに、「何でもインターネット」の考え方だった。これは、今の僕の仕事の原点になったもので、10年苦しんだ甲斐があったと思っている。

僕がMIT客員教授になった理由

博士号を取ったら、声をかけてくれた人がいた。ピニンファリーナのデザイナーだった。ピニンファリーナは、フェラーリのデザインで知られるイタリアの会社。ドリームキャストの次世代試作機のデザインをお願いしたときからの付き合いだった。そのときのデザイナーがトリノ工科大学の講師をしていて、「お前も教えたらどうだ？」と誘ってくれたのだ。

だけど、トリノ工科大学の講演会に行って、イタリアはちょっと違うなぁと思った。するとその講演会で同席した人が、「だったら、フランスのグルノーブル大学に来いよ」と言った。

グルノーブルとパリは、フランスの新幹線「TGV」で約3時間。平日はグルノーブルに滞在して大学で教え、土曜日にパリの古本屋周りをして、日曜日は本を読む。そんな暮らしもいいなぁ……と思った。

当時は、まだCSKにいたが、社内では完全に孤立していた。ビジネスマンとしてのキャリアに展望がもてず、研究者として生きる道に希望を見出しつつあった。それで、僕はパリにアパートを購入して引っ越すことにした。エッフェル塔の見えるアパートをラジオ・フランスの隣に見つけて、手付金も支払った。

パリからはアメリカ経由で日本に向かった。

ボストンに寄って、MITの友達マイケル・ホーリーに会おうと思ったのだ。そして、彼に「今度、フランスの大学で教えようと思ってるんだ」と話したら、「フランスで英語の授業をしてもしょうがないだろ。アメリカの大学にしたら?」と言われた。

「アメリカの大学ってどこ?」と訊くと、「MITだよ。だって、博士号持ってるんだろ?　ネグロポンテに話をしてやるよ」と言う。

ネグロポンテ所長も賛成したので、僕は訊いた。

「いつから?」

「今日から」

冗談ではなく、まじめなオファーだった。

「わかった。そうする」

こうして、驚くほどあっけなく、MITのメディアラボラトリーの客員教授になることが決まった。帰国する予定を変更して、フランスに舞い戻った。グルノーブル大学に断りの挨拶に行き、パリのアパートは解約した。手付金は、もちろん戻ってこなかった。

MITでのキャリアを棒に振る

MITのメディアラボラトリーは、評判通り素晴らしい場所だった。

いろんな才能をもった人たちがたくさんいて、それぞれに自分のアイデアをもとに考え、ユニークな研究をしていた。それがうまく行くと学生が起業し、さらにスポンサーがついて大企業になっていく。大学はそれを一切制約しないどころが、その後押しをしていた。そのすべてのプロセスをしっかりと見られたのは、僕にとって大きな財産となった。

しかし、僕はMITを4年で去ることになる。

きっかけは、僕がMITで進めていた「100ドルパソコン計画」だった。100ドルでパソコンを作って、それを途上国の子どもたちに無償で一人一台提供しようという計画。「どうすれば、パソコンを安く作れるか？」ということで、たいへん面白い研究だった。紙に伝導性のあるインクでキーボードを印刷するとか、そういう独創的な研究をみんなでガンガンやった。

ところが、「100ドルパソコン」のCPUをどうするかという話になったときに、あるMITの偉い先生が、自分が役員をしている半導体メーカーの製品をゴリ押ししてきた。そんなもん許されるか。頭に来た。僕はそれに強烈に反発して、会議もボイコットして、日本に帰ってしまった。それっきり、MITとは縁切りだ。また、もったいないことをしてしまった……。

ちなみに、ひとつオチを言っておくと、そのMITの「100ドルパソコン」はうまくいかなかった。技術的にはいろいろな新しい発見を生み出したプロジェクトだったけれど、結局のところ、一番安いパソコンは中古のＩＢＭコンパチ・パソコンだった。つまり、先進国で使われていた中古パソコンを、途上国に持っていくのが一番安かったのだ。それを知ったときには、「あははは」と笑うしかなかった。

「大学の経営」について学んだ

日本では、いろんな大学で教鞭を取らせていただいた。

東京工業大学、宮城大学、工学院大学、尚美学園短期大学、尚美学園大学、早稲田大学、青山学院大学、作新学院大学などで客員教授・教授として教えたほか、中山素平さんが中心になって設立された研究所ＧＬＯＣＯＭ（国際大学グローバル・コミュニケーション・センター）の特別研究員や国際連合大学高等研究所の副所長も務めた。

どれもが貴重な経験だったが、中でも、僕にとって大きな意味をもつ体験が三つあった。

ひとつは、尚美学園短期大学の教授だった頃に、当時の学長の意向に沿って、４年制の尚美学園大学に改組する手伝いをさせていただいたことだ。このときに、準備委員会の一員として大学設立の趣意書づくりなどを手掛けたほか、その後も、新学科の開設準備員を務めたり、学部内部のコース再編など、大学運営の知見を身につけることができたのだ。

もうひとつが、工学院大学で評議員をさせていただいたことだ。これは、企業でいえばボードメンバーのようなもので、大学経営の中枢に深くかかわることになった。このとき、アスキーのリストラで学んだ経営知識が、大学経営でも十分に使えることを学ばせていただいた。

また、国連大学高等研究所である。国際的な官僚主義の巣の中で、研究の世界に国という枠組みが入ってくる。その中でどう生き延びて自分のしたいことをするのかを学ぶ貴重な練習となった。

学長のデスーザ先生、所長のデラセンタ先生にとてもよくしてもらった。GLOCOMのように高等研究所もインターネットに大きく舵を切りたいと考え、国連事務総長であったブートロスガリ氏に会いに行ったことが印象的であった。

敗北によって「闘志」に火がつく

そして、僕の闘志に火をつける出来事が起きる。

公立会津大学の学長選への立候補だ。会津大学は、1993年に設置された日本初のコンピュータ専門大学。その大学の知り合いの教授に出馬を請われた僕は、これまでの経験を生かして画期的な大学を作れるかもしれないと考えて、学長選への立候補を決めたのだ。

学長選は、現職の学長を含め三人で争った。

一回目の投票では、僕が最高得票を獲得したが、過半数には届かなかった。そこで、三番目の候補を外して、次点だった現職学長との決選投票になった。

そして、決選投票で僕は負けた。あとで知ったことだが、決選投票の前に、危機感を募らせた現職学長は、三番目の候補者のグループに、人事・資金面の便宜供与をもちかけたようだ。切り崩しにかかったわけだ。それで、10人ほどの人たちが転び、僕は負けたのだそうだ。

負けが決まった瞬間、選挙管理の副学長に言うだけの文句を言い、席を立った。午後7時で外は真っ暗、おまけに吹雪だった。だけど、もうその場に一秒たりともいたくなかった。何人かの人が「西さん、待って」と呼び止めてくれたが、振り切って車に乗り込んだ。そして、東京に車を走らせた。何度かスピンして死ぬかと思ったが、僕のボルボはさすが〝雪の国〟の車。無事、都内の自宅に着いた。朝の4時だった。

車のなかで、僕はこう思いを決めていた。

自分の手で、理想の大学をつくろう、と。

僕にとって、アスキー社長の退任はすごく大きな挫折で、いわば人格を否定されたようなものだった。だから、それ以来、僕はずっと自分を抑えながら生きてきたような気がする。しかし、会津大学でのアンフェアな敗北によって、闘志に火がついた。その意味で、あの敗北は僕を再生させる大きなきっかけになったのだと思っている。

リーマンショックで「新大学計画」は吹っ飛んだ

学長選挙の後、僕は新しい大学の設立に向けて動き出した。

コンピュータについて専門的に学んでもらい、デジタル革命が続く世界で強い指導力を発揮する人材を育成する会津大学のような工科大学を作ろうと考えた。名前は「秋葉未来大学」とつけた。

まずは、資金集めだ。

約100億円かかると思った。最初に寄付のお願いに行ったのはビル・ゲイツだった。僕の話を聞いたビルは、

「お前の言うことには金を出しておかないとな」

と言って、すぐに了承してくれた。

「で、いくらいるんだ？」

「100億円」

「じゃ、20億円出そう。あとは、他のスポンサーを見つけてくるのだね」

たいへん、ありがたかった。

残りの80億円を集めようと、NEC、富士通、日立製作所などいくつかの企業にお願いに回った。みなさん熱心に話を聞いてくださった。感触はよかった。そして、2010年4月に開学予定というところまで来たところで、リーマンショックが発生。僕の「秋葉未来大学」計画は〝ボンッ！〟と一発で吹っ飛んだ。

独創性を思いっきり発揮できる「場」を作る

もちろん、それで諦める僕ではない。

2017年に、東京大学IoTメディアラボラトリーを開き、僕がディレクターに就任した。

これは、その名の通り、MITのメディアラボラトリーが発想の原点にある。IoTの技術開発に対する「夢」をもつ学生が、体系的な知識とスキルを習得するとともに、その「夢」を「形」にしていくことをサポートするものだ。ビル・ゲイツやいくつかの会社から研究のための寄附金を集めた。今も、このプロジェクトは進行中だ。

そして、現在、神奈川県小田原市にある関東学院大学のキャンパスに、「日本先端大学」という名称の新設大学を創立すべく活動を進めている。

工学部のみの単科大学として、IoTメディアなど3学科を創設する予定だ。海外からも教員を集め、理系に尖った人材を育てるとともに、MITメディアラボラトリーのように、起業までを視野に入れた体制を整えたい。そこには、僕がこれまでに培ってきた、世界中の研究者・実業家のネットワークを活かせると思っている。2〜3年以内には、開学に漕ぎ着けるべく準備を進めているところだ。

僕は、この大学に「夢」を込めている。

第一の夢は、独創的な人材が思いっきり、その能力を開花させる場をつくりたいということだ。

僕自身、大学時代に一生懸命レポートを書いてもあまり評価されずに、悔しい思いをしたものだ。日本の大学には、何十年も続く「書き方のお作法」があって、過去のレポートを真似ただけの人が「Aプラス」の評価が得られるようなところがある。僕みたいに、自分の頭で考えて自由にレポートを書くと、「なんじゃこれは?」「作法がなっとらん」と「Bマイナス」の評価しかもらえない。がっかりしたことを今でも覚えている。

だけど、マイクロソフトは違った。

開発スタイルが自由で、クリエイティブだった。「お作法」でがんじがらめにするのではなくて、独創性を思い存分発揮できる環境があった。会社のような大学、僕が憧れていた「本来の大学」だと思った。だからこそ、あれだけのプロダクトを生み出し、世界に「帝国」を築くまでに至ったのだ。アスキーもそんな「場所」になればと思っていた。その果たせなかった「夢」を新しい大学につなぎたいと思っている。

「日本の技術力」を高めたい

もう一つの夢は、日本に貢献することだ。

僕は、これまでの仕事において、何度も悔しい思いをしてきた。たとえば、インテルに勝つ半導体をつくるために、嶋正利さんとともに懸命に努力した。しかし、アメリカならば優秀な技術者をすぐに集めることができるが、日本ではそれが難しかった。技術者の層が違いすぎたのだ。半導体だけではない。ソフトウエアやインターネットの世界でも、いつも同じ問題にぶつかった。

そして、現時点では、コンピュータやインターネットの発祥の地であるアメリカに、日本は勝てないと結論せざるを得なかった。しかし、それでよいわけではない。日本が自立した国家として生きていくためには、国家百年の計ではないが、長期的な視点で国力を増強していく努力が必要だと思う。

僕に貢献できることがあるとすれば、それは独創的な技術者を育成することで、日本の技術者の層を少しでも厚くしていくことだろう。そして、彼らが新しい産業を生み出すことを願って、支援することだろう。

これは、中山素平さんが、僕に繰り返し問いかけられた、

「国のため、人のため、世のため、君は何ができるんだ?」

という問いに対する答えでもある。

そして、大川功さんの、

「わしは今の日本の情報教育が、アメリカに負けているのが悔しいのや」

というお気持ちへの返答でもある。


いま僕は、大川さんの遺言を繰り返し噛み締めている。

「会社の経営は代わりにやってくれるやつがたくさんおる。そやけど、お前の代わりはおらんぞ。日本の実業の役に立つ、生きた情報教育を行う超一流の大学をつくることができるのはお前だけや」

「わしが元気になって、セガが元気になったら、お前の次の仕事はアスキーの社長ではなく、大学の創設じゃ。そっちのほうがええやろ。わしはそれがお前に一番向いて

ると思ってるんや。お金はわしがみんな出したる」

なんとしても、「日本先端大学」を成功させて、大川さんにこう言って褒めていただきたいと決意している。

「ようやったな、お前！」

おわりに

改めて気づいた「大切なこと」

ここまで、僕の反省に付き合ってもらって、ありがとうございました。

もっとコンパクトにまとめるつもりが、「あれも大事、これも大事」とやっているうちに、えらく分厚い本になってしまった。

若い頃に、NECの「PC－8001」や沖電気の「IF－800」を作ったときも、盛り込める限りの機能をBASICに詰め込んでたいへんなことになったけれど、それと一緒かもしれない。作り出すと止まらないのは、若い頃から変わらない。


でも、この本を書いてよかったと思う。

これまで、僕はどこかで、自分の過去と向き合うのを避けてきたところがある。

今回、本を書きながら、まっすぐ過去に向き合ってみて、やっぱり辛かった。自分の数々の失敗に直面して、思わず顔をそむけそうにもなったし、思わず誰かのせいにしたくもなった。だけど、それじゃアカンと自分を叱りながら書き続けた。そして、僕なりに素直な気持ちで、たくさん反省した。

この本を書きながら、僕がどん底にいたときも、僕が失敗したときも、いろいろな人が僕を助けてくださったことに、改めて気づかされた。それに、僕はいろいろな人と対立してきたし、いろいろな人の悪口も言ってきたけれど、その人たちにも、いろいろなことを教わって、ときに助けてもらっていたことにも気づいた。本当に、ありがたいことだと思う。すべての人に感謝したい。

僕の人生に影響を与えたもの

何よりも、この本を書くことで、僕に残された時間を使って、成し遂げなければならないことが、より一層明確になった。絶対に実現してみせるという思いも、より一層強固なものになったと思う。

僕が成し遂げなければならないのは、終章でも書いたとおり、「日本先端大学」を成功させることだが、もう一つある。僕の妹が経営している「須磨学園」だ。

須磨学園を創立したのは、母方の祖母・西田のぶだ。1880年（明治13年）に生まれた彼女は、女学校の教師だったが、42歳で四人目の子どもをみごもっていたときに夫・音吉を亡くす。

三児を抱え、しかも身重ではとても再婚はできない。それで、経済的に自立するために、彼女は自ら学校をつくることを決意する。当時、女性が自立するには和裁が一番だったのだろう。素封家の支援を受けながら、裁縫を教える女学校として、須磨学園を創立したのだ。

祖母は、僕が生まれたときには亡くなっていたので、一度も出会ったことがない。だけど、その人生には大きな影響を受けた。僕が、大学を卒業もせず、アスキーを創業した背後には、祖母の生き様があったような気がしてならない。

その祖母がつくった須磨学園を父母が引き継いで、今は、妹が中心になって運営している。僕が須磨学園にかかわったころ、女子高校を共学にして、進学校を目指していた。しかし、生徒たちの成績を伸ばし、かつ優れた人間性を育むには三年ではとても足りなかった。そこで、中学校を新設して、中高一貫教育を実現するために頑張っている。祖母や父母の遺志を引き継いで、妹と一緒によりよい学校にしていきたい。

すべてのことは過ぎ去っていく

さて、最後に、もう一度、反省しておかなければならない。

僕は、これまでの人生で数々の失敗をしてきた。その根本にあるのは、中山素平さんの「もっと広い心をもたないと君はダメになる」という一言に尽きると思う。これは、僕にとっては非常に厳しいご指摘で、その後もずっと心のど真ん中にあった。「広い心」って何やろ、と。

大きな気づきがあったのは、55歳くらいのときだ。天国も地獄も経験してきて、あるときふと思った。すべてのことは過ぎ去っていくんやな、と。

ええことも悪いことも永遠には続かない。アスキーの経営が苦しくなって、僕は臨死体験をするくらいに苦しんだ。「出口」なんて全然見えなかった。だけど、いつしかその嵐は過ぎ去っていった。今でも、苦い思い出であることに変わりはないけれど、あの地獄を経験したことで僕なりに学んだこともたくさんある。

そういえば、借金取りもそうだった。一時期は、借金取りが毎日やってきて、僕は苦しみ抜いた。借金取りは、「金を返すまで、帰らない」とすごんだ。だけど、返せないものは返せない。だから、夜になったら、僕は「どうぞ、寝てください」と言って、毛布を持っていった。そうしたら、借金取りは帰って行った。そして、そのうちに返済可能な条件で折り合った。そんなものなのだ。

だから、一喜一憂しない。「すべてのことは過ぎ去っていく」のだから、どんな状況が訪れても、平常心で、やるべきことを淡々とやるしかないし、それが最善の対応策なのだ。

それは、感情も一緒だ。

僕は、感情の起伏が激しい。今でも、怒ったり、泣いたり、悲しんだり、忙しいものだ。好き嫌いも激しい。かつて、僕は激しく怒ったことが何度もあるし、それで破局的な喧嘩もやってきた。だけど、どんなに激しい感情が生まれても、それは過ぎ去っていく。だから、激しい感情も放っておけばいいのだ。それに振り回されず、その感情が過ぎ去るのを待てばいい。

大川さんは、「お前がいつもニコニコしてたら、いい商売人になるよ」と教えてくれたが、そのとおりなのだ。どんなに感情を刺激される出来事があっても、それはそれで放っておいて、ニコニコしていれば、感情は過ぎ去り、その感情を引き起こした出来事も過ぎ去っている。そして、また新しい局面が現れるのだ。

感謝している時が「幸せ」なのだ

もう一つ、最近気づいたことがある。

一時期、僕は、マイクロソフトと訣別して傷ついた「自尊心」を取り戻そうと、ビル・ゲイツに負けない人間になるべく努力して、全然、幸せになれなかったことがある。それ以来、ずっと「幸せ」ってなんやろ、と考えてきた。

それで、あるとき気づいた。

ゆっくり休んで「元気」を取り戻して、穏やかな気持ちでいるときには、自然と素直な気持ちになって、「ああ、みんなのおかげで生きてられるんやなぁ」と感謝の気持ちが湧いてくる。そして、感謝の気持ちがあるときに、「ああ、これが幸せなんやなぁ」と気づいたのだ。

僕は、人の悪口をたくさん言ってきた。「僕は悪口を言うのが好きやけど、悪口を言われるのは嫌いや」とマスコミでしゃべったことがあるくらいだ。今でも、気づいたら悪口を言ってるときがある。だけど、悪口を言ってるときは幸せじゃない。あっ、と思って悪口をやめる。

そんなときは、すぐ寝る。疲れてイライラしていると悪口を言って、不幸せになる。そんなのはやめて、すぐ寝る。たっぷり寝たら、「元気」になる。ゆっくり休んで、穏やかな気持ちになれたら、自然と感謝の気持ちが湧いてくる。幸せを感じられるようになる。そして、他人様《ひとさま》にも自分にも優しい気持ちになれるのだ。

感謝している時が「幸せ」なのだ──。

この気づきこそが、これまでさんざん経験をしてきた失敗から学んだ最大の知恵だと思う。もしかしたら、そんな僕を笑う人もいるかもしれない。それは、みなさんのご自由だ。だけど、僕がこれから成し遂げたいと思っていることはすべて、いろんな人々の力を借りなければ絶対に実現できないことだ。だから、僕は、このことを心に刻んで、少しでも「広い心」「高い心」「深い心」「温かい心」に近づけるように、一日一日を大切に生きていきたいと思っている。

でも、僕はまたすぐ忘れてしまうかもしれない。

その時は、ぜひ、「あんた、反省したんとちゃうんか？　大事なこと忘れたらアカンで」と叱ってほしい。図々しいお願いだけど、よろしくお願いします。

2020年8月17日

西和彦

西 和彦（にし・かずひこ）

株式会社アスキー創業者

東京大学大学院工学系研究科 IoT メディアラボラトリー ディレクター

1956 年神戸市生まれ。早稲田大学理工学部中退。在学中の 1977 年にアスキー出版を設立。ビル・ゲイツ氏と意気投合して草創期のマイクロソフトに参画し、ボードメンバー兼技術担当副社長としてパソコン開発に活躍。しかし、半導体開発の是非などをめぐってビル・ゲイツ氏と対立、マイクロソフトを退社。帰国してアスキーの資料室専任「窓際」副社長となる。1987 年、アスキー社長に就任。当時、史上最年少でアスキーを上場させる。しかし、資金難などの問題に直面。CSK 創業者大川功氏の知遇を得、CSK・セガの出資を仰ぐとともに、アスキーは CSK の関連会社となる。その後、アスキー社長を退任し、CSK・セガの会長・社長秘書役を務めた。2002 年、大川氏死去後、すべての CSK・セガの役職から退任する。その後、米国マサチューセッツ工科大学メディアラボ客員教授や国連大学高等研究所副所長、尚美学園大学芸術情報学部教授等を務め、現在、須磨学園学園長、東京大学大学院工学系研究科 IoT メディアラボラトリー ディレクターを務める。工学院大学大学院情報学専攻 博士（情報学）。

反省記

ビル・ゲイツとともに成功をつかんだ僕が、ビジネスの“地獄”で学んだこと

2020 年 9 月 8 日 第 1 刷発行
2020 年 9 月28日 第 2 刷発行

［著 者］ 西 和彦
［発行所］ ダイヤモンド社
〒150-8409 東京都渋谷区神宮前6-12-17
https://www.diamond.co.jp/
電話／03-5778-7233（編集） 03-5778-7240（販売）
［装 丁］ 奥定泰之
［イラスト］ 戸田江美
［D T P］ NOAH
［制作進行］ ダイヤモンド・グラフィック社
［印 刷］ 三松堂
［製 本］ ブックアート
［編集担当］ 田中 泰

 ISBN 978-4-478-10805-5